Una lectura con juegos para descubrir a los clásicos

Una colección dirigida por: Anne-Catherine VIVET-RÉMY

Los trabajos de Hércules

Anne-Catherine Vivet-Rémy

Ilustraciones:
Thierry Christmann

Traducción:
Josefina Careaga

akal

EN LA MISMA COLECCIÓN

Anne-Catherine VIVET-RÉMY
Agamenón y la guerra de Troya
Los viajes de Ulises
Teseo y el Minotauro
Edipo
Rómulo y Remo
Lanzarote y los caballeros de la Tabla Redonda

Béatrice BOTTET
Isis y Osiris

Bruno DOUCEY
Moisés

Brigitte ÉVANO
Erik y Harald, guerreros vikingos

Florence LANGEVIN
Sherezade y las Mil y una noches

Anne-Marie ZARKA
Julio César y la guerra de las Galias

Magali WIÉNER
Jasón y el vellocino de oro

Título original
Les Travaux d'Hercule

Sector Foresta, 1
28760 Tres Cantos
Madrid - España
Tel.: 91 806 19 96
Fax: 91 804 40 28
ISBN: 978-84-460-1814-8
Dep. Legal: M. 22.971-2007
Impreso en Lavel, S. A. Humanes (Madrid)

Sumario

Los *héroes clásicos* continúan apasionando a los jóvenes y a los adultos: sus aventuras, al mismo tiempo que dan a conocer las culturas antiguas o medievales, nos muestran de nuevo, de un modo simbólico, todas las situaciones típicas de la condición humana.

La colección *Odiseas* permite descubrir a los jóvenes los grandes mitos que son el origen de nuestra cultura y las epopeyas históricas de las grandes civilizaciones del pasado. Los libros presentan *textos originales* divididos en breves episodios ilustrados, fáciles de leer y completados con páginas de *juegos* y *documentación*.

Estas páginas permiten al joven lector:

- comprobar la *comprensión del texto* a partir de preguntas simples pero fundamentales sobre la acción, los personajes y el sentido de las palabras importantes;
- memorizar el *vocabulario* respondiendo a las charadas o resolviendo los crucigramas;
- hacerse con un *caudal de conocimientos culturales* gracias a la gran cantidad de informaciones relacionadas con la civilización, la cultura o el contexto histórico en el cual se inserta el relato.

—I—

Hércules en la cuna

NI UN SOLO RUIDO, en esta hora ya tardía, en el sombrío palacio. Todos duermen. Nadie está presente para ver esas dos serpientes de rayas azules, ante las cuales las puertas se abren silenciosamente. Nadie está presente para observar el inquietante fulgor de sus ojos ni el veneno que gotea ya de sus colmillos. Todos duermen en palacio mientras ellas se deslizan, arrastrándose y franqueando el umbral de la habitación de los dos pequeños niños. Tranquilos, los dos duermen en la misma cuna. Apenas se escucha su sosegada respiración.

A pesar de la profunda oscuridad, las dos serpientes han alcanzado con facilidad el lecho de los dos pequeños. Ya las dos cabezas de los reptiles se deslizan por la cuna... Cuando, de pronto, la canasta se vuelca bajo su peso. Este brusco movimiento despierta a Ificles, uno de los dos niños. Mientras éste abre los ojos, una luz cegadora inunda el cuarto. Entonces Ificles ve a las dos serpientes deslizarse a los pies de su hermano Hércules. Acurrucado en la cabecera de la cuna, grita. Desde su habitación, su madre ha escuchado los gritos.

— ¡Anfitrión, rápido, despierta! –grita a su marido.

Apenas de pie, el padre coge la espada. Y a toda velocidad los dos corren en dirección a la habitación de sus hijos. Los desesperados gritos de Ificles desgarran el corazón de la pobre Alcmena. ¿Llegarán a tiempo? Una vez en el umbral de la habitación, observan un increíble espectáculo: Hércules se encuentra sentado, inmóvil. Atónito, observa a su hermano que pide desesperadamente ayuda. Parece no haber visto a las dos serpientes que avanzan hacia él. Anfitrión, ya al lado de la cuna, levanta la espada. Las cabezas de los dos reptiles se encuentran al alcance de la mano de Hércules... Pero antes de que el padre pueda hacer algo, Hércules agarra cada una de las cabezas en sus pequeños puños. Y aprieta, aprieta con todas sus fuerzas, a pesar de las mortales espiras que se contorsionan en torno a su pequeño cuerpo. Enseguida las dos serpientes dejan de moverse. Soltando una carcajada, el niño se vuelve hacia su padre y le entrega los dos reptiles a los que acaba de romper el cuello. Alcmena coge entre sus brazos al niño victorioso, que gorjea, con sus vivarachos ojos, feliz por la hazaña realizada.

— Silencio, mi niño. Ahora debes dormir.

Ificles, durante un rato, aún sigue sollozando. Alcmena lo mece para calmar su miedo. Cuando al fin se queda dormido, sin hacer ruido se reúne con Anfitrión que le dice en voz baja:

— Alcmena, Hércules no es un niño como los otros. Estoy convencido de que es hijo de un dios. ¡Su destino será excepcional!

Acostada al lado de su marido, Alcmena medita. El sueño la ha abandonado. Las palabras de su marido la turban. De pronto, recuerda...

Ocurrió justo antes de quedarse embarazada de Hércules. Anfitrión se encontraba lejos, en la guerra. ¡Cuál no fue su sorpresa cuando una noche vio a su marido ante ella! Le preguntó por qué había regresado. ¿Acaso la guerra había terminado? ¿Cómo había conseguido reunirse con ella tan pronto? Anfitrión, a pesar de su insistencia, se negaba a contestarle. Recuerda ahora sus tiernos gestos y el amor que le había demostrado aquella noche. Aquella noche, que le había parecido eterna de lo larga que fue. Aquella noche, en la que Hércules fue concebido... A la mañana siguiente Anfitrión había partido de nuevo hacia la guerra. Al regreso, un mes más tarde, su marido se sorprendió cuando le recordó aquella visita. Incluso le dijo:

— ¡Sin duda que lo has soñado!

Sin embargo, ella no estaba loca, ¡era él el que había venido! ¡No iba a confundir a su marido con otro! ¡A menos que...!

De pronto, Alcmena lo comprende todo. Únicamente Zeus puede metamorfosearse de esta manera. En efecto, ¡era él! Ahora está segura. Zeus tomó la apariencia de su marido y abusó de ella para lograr tener un hijo. Ya no existe ninguna duda: el pequeño Hércules tiene la prodigiosa fuerza y el valor de su padre, el mismo rey de los dioses. Pero entonces, ¿quién ha podido enviar estas dos serpientes para matar a un niño tan ilustre? ¿Quién puede intentar poner en peligro al hijo del dios supremo? Los párpados de Alcmena se cierran ante estas preguntas.

Juegos

I

Hércules en la cuna

1 Test: ¿Tienes madera de héroe?

Señala la letra que corresponda a tu respuesta.

A – Tus padres han salido y oyes unos ruidos extraños.

- a Te lanzas para ver de qué se trata.
- d Te escondes bajo las sábanas.
- b Tranquilizas a tu hermano pequeño, que, a tu lado, tiembla de miedo.
- c Intentas tranquilizarte a ti mismo diciéndote que la puerta está cerrada con llave.

B – Te has perdido en el bosque mientras jugabas al escondite.

- c Te quedas quieto esperando a que te encuentren.
- b Trepas a un árbol para orientarte.
- d Te pones a llorar.
- a Coges el primer camino que encuentras.

C – Ya es de noche y debes guardar la bicicleta en el sótano.

- b Bajas al sótano provisto de una linterna.
- c Esperas al día siguiente para hacerlo de día.
- d Pagas a tu hermano pequeño para que vaya él.
- a Bajas sin decírselo a nadie.

D – De pronto, en tu camino te encuentras con un perro.

- d Te quedas de piedra.
- a Le haces frente.
- c Cambias de acera.
- b Le ordenas que se tumbe.

E – Te encuentras con alguien a punto de ahogarse en la orilla del mar.

- a Te lanzas al agua sin pensarlo.
- b Coges un salvavidas y te zambulles en el agua.
- c Antes de lanzarte al agua, te desnudas.
- d Pides ayuda.

F – A la salida del colegio te quieren quitar tus cosas.

- b Tratas de negociar.
- a Te niegas a dar nada de lo que te piden.
- c Rápidamente avisas a tus padres.
- d Das lo que te piden y no se lo dices a nadie.

G – Con motivo de un juego, te toca en suerte un adversario el doble de grande y fuerte que tú.

- c Tratas de esquivar sus ataques.
- d Protestas ante la desigualdad de fuerzas.
- a Saltas a su cuello lanzando un grito feroz.
- b Buscas su punto débil.

Suma el número de contestaciones que has obtenido.

a ...11...	c ...42...
b ...14...	d ...10...

2 Resultados del test

• **Si has obtenido mayoría de** a , eres fogoso, tu valor te ciega y tu heroísmo raya a menudo la inconsciencia. ¡Ten cuidado de no ponerte en peligro al querer vencer siempre!

• **Si has obtenido mayoría de** b , la dificultad no te arredra, pero mantienes la cabeza fría y sabes emplear tu valentía con inteligencia. No sólo sales adelante, sino que además dominas las situaciones. Por añadidura, eres generoso y tu heroísmo beneficia al prójimo.

• **Si has obtenido mayoría de** c , eres valeroso... sin llegar a temerario. Quisieras ser un héroe, pero a menudo tu prudencia te lo impide. Cuidado, demasiada reflexión puede perjudicar la acción.

• **Si has obtenido mayoría de** d necesitas rodearte de gente valiente que te ayude en las situaciones peligrosas. Careces de confianza en ti mismo para afrontar las dificultades que se te presenten. Ten precaución, no siempre estarás a la altura del héroe que llevas dentro.

• **Si has obtenido tantas** a como b , dudas entre la temeridad (no te das cuenta siempre del peligro y «te lanzas a fondo») y un valor más mesurado. ¡Ten cuidado con tu cabezonería, que puede costarte cara!

Zeus es el dios más importante de la mitología griega. Los romanos lo introdujeron en la suya. Por eso, al igual que los demás dioses, tiene un equivalente latino. ¿Sabes quién es?

Ficha de identidad

Zeus

Retrato
De porte majestuoso. Tiene barba y abundante cabellera. En una mano lleva el rayo que le forjó su hijo Hefesto y en la otra la égida, escudo hecho con la piel de la cabra Amaltea.

Características peculiares
Puede adoptar mil formas diferentes (cuclillo, toro, cisne, águila, lluvia de oro, caballo…). Esposo infiel.

Nacido de:
Crono y Rea.

Hermano de:
Hades, Poseidón, Hera...

Esposo de:
Hera.

Padre de:
Hércules y de innumerables hijos que concibió tanto con su mujer como con otras divinidades o con mujeres mortales.

Profesión:
Soberano supremo de dioses y hombres.

Dirección:
El Olimpo.

Animal:
El águila.

Árbol:
El roble.

Lugar donde se realizan sus oráculos:
Dodona y Olimpia.

Día consagrado:
El jueves (del latín Jove, o Júpiter).

Equivalente latino:
Júpiter (o Jove).

¿No te ha chocado que Zeus se casase con su hermana? Este tipo de uniones es frecuente entre los dioses de la mitología griega.
Observa otros casos similares en las fichas siguientes.

— II —

La venganza de Hera

EN SU PALACIO DEL OLIMPO, la esposa de Zeus está que trina. A grandes pasos recorre la amplia habitación. Es tal su cólera que arroja por tierra todos los objetos que se cruzan en su camino.

— ¡Zeus, me las pagarás! ¿Crees que te vas a burlar de mí, de Hera? ¡No! ¡Presumes de que tu unión con Alcmena te ha proporcionado un hijo extraordinario! Pues bien, yo no pararé hasta que desaparezca... Esta vez Hércules ha escapado de las dos serpientes que esta noche le he enviado, pero mi venganza no ha hecho más que aplazarse para otra ocasión...

A pesar de las amenazas de Hera, los años pasan y Hércules crece a la vez que recibe una esmerada educación. Para el hijo de Zeus son los mejores maestros. Anfitrión se encarga de enseñarle a conducir el carro. El famoso centauro Quirón le inicia en astronomía y medicina. Pero sobre todo, en lo que destaca es en el tiro con arco, hasta el punto de dejar atrás a su maestro Radamante, pero en lo que es ciertamente un mal alumno es en música. Su profesor no para de reprenderle. ¡Jamás ha tenido un alumno tan poco aplicado! Un día, pierde la paciencia y da a Hércules una bofetada. Sin pensárselo mucho, ¡Hércules le arroja la lira a la cabeza! Y allí mismo lo deja muerto... Desconocedor de su prodigiosa fuerza, Hércules se queda asombrado, desolado y por último satisfecho.

«Pero Hera está vigilante. Ha conseguido cegar de locura al hijo de Zeus.»

Los años transcurren. ¿Ha olvidado Hera su odio? No, simplemente espera el momento. Permite que Hércules realice algunas hazañas, como casarse y tener hijos. Y es en ese momento en el que ella decide vengarse provocando un drama.

Ese día, en la enorme sala de los banquetes, todos están de fiesta, los amigos de Hércules, sus hijos, su mujer. Todos comen, ríen y beben de buena gana. Nadie se da cuenta de que un sombrío velo cubre poco a poco la mirada de Hércules. Observa con insistencia a cada uno de los presentes con un gesto serio: su rostro se crispa. Inquieto, mira a su alrededor. Su cara se torna pálida. Se queda inmóvil con la copa en la mano a la altura de sus labios. Su esposa se da cuenta de su aire alelado.

— Hércules, ¿qué te ocurre?

— ¿Por qué estoy en un lugar tan extraño?

— No es un lugar extraño, estás en tu palacio.

— Si es así, explícame por qué has invitado a mis enemigos. ¡Que además han tenido la osadía de traer a sus hijos!

— Hércules, esos niños son los nuestros. No los recon...

Sin dejarle acabar la frase, Hércules se levanta tan bruscamente que derriba su asiento. Su mirada es terrorífica. Tratando de ahuyentar sus temores, la esposa de Hércules se levanta. En torno de ella ha reunido a sus hijos y los empuja en dirección a su padre, esperando que éste los reconozca. Sin temor se acercan a él y ya todos se encuentran a su lado. Pero, asustados por el aspecto de su padre se detienen y su madre los anima a que se acerquen aún más. Ya se encuentran al alcance de su poderosa mano. Incluso el más pequeño con sus bracitos gordinflones ha abrazado las rodillas de su padre. Hércules baja las manos. ¿Por fin va a reconocer a sus hijos?

Pero Hera está vigilante. Ha conseguido cegar de locura al hijo de Zeus. Él toma a sus pobres hijos por enemigos. Y olvidando su descomunal fuerza, golpea, golpea sin parar. Parece estar sordo a los gritos de su mujer que se ha colgado de su brazo. Parece no darse cuenta de la horrorizada mirada que tienen sus huéspedes. Sus golpes caen sobre todos los que le rodean. Tratan de detenerlo, de calmarlo, pero Hércules no se deja. Cuando por fin se detiene, cuando por fin recobra la razón, ya es demasiado tarde. Los seres que más ama en el mundo yacen sin vida a sus pies.

Desesperado, Hércules se encierra durante mucho tiempo en una habitación oscura. ¿Para qué seguir viviendo sin ellos? Y los dioses, ¿le perdonarán alguna vez un crimen tan monstruoso? Únicamente la Pitia de Delfos puede responder a sus preguntas transmitiéndole el oráculo de Apolo, que le dirá lo que debe hacer para purificarse. Hércules, sin mirar atrás, se pone inmediatamente en camino hacia Delfos.

— Dirígete a Tirinto, donde reside el rey Euristeo; sírvele y realiza, tú solo, los trabajos que él te exija. Ésa es tu penitencia.

Aún resuenan las palabras de la Pitia en los oídos de nuestro héroe cuando llega ante las murallas de Tirinto. No le será fácil obedecer a Euristeo, a este pequeño rey que no le aprecia, pero es necesario que le obedezca a fin de expiar su crimen.

Juegos

— II —

La venganza de Hera

1 Charadas

Si resuelves estas charadas hallarás los nombres de algunos personajes del episodio que acabas de leer.

A – Mi primera empieza rápido.
Mi segunda termina cansada.
Mi tercera está a la entrada de Mantua.
La cuarta te la doy.
En conjunto, soy quien enseñó a Hércules a manejar el arco.

Respuesta: ....

B – Con la primera comienzo a centrarme.
El resto lo encontrarás entre Aries y Géminis.
Cuando me juntas, soy de la misma familia que Quirón.

Respuesta: ....

2 ¿Verdadero o falso?

¿Lees con atención? Señala la casilla correcta («V» para «Verdadero», «F» para «Falso»).

a - Hércules era un fuera de serie en el tiro con arco........ V F

b - Le encantaban las clases de música .... V F

c - Es Atenea la que le vuelve loco .... V F

d - Fue a consultar con la Pitia de Tirinto .... V F

e - El rey de Tirinto se llamaba Euristeo .... V F

Documentación
— II —

Los oráculos

Para los antiguos griegos, los dioses conocían el futuro que los hombres ignoraban. Pero los griegos pensaban que los dioses les hablaban, que expresaban su voluntad mediante unos seres especiales y sagrados, los oráculos. Por este motivo, cuando tenían que tomar una decisión importante, consultaban con estos oráculos en los templos construidos a tal efecto.

La Pitia de Delfos era la más famosa. A través de las palabras de esta mujer se expresaba el mismo Apolo.

Los griegos también consultaban a las sibilas, que predecían el futuro. Cada templo tenía la suya. La más célebre era la sibila de Cumas, que escribía sus predicciones en hojas sueltas, cuyo significado era muy difícil entender. Hoy día se conserva en castellano el adjetivo «sibilino», que hace referencia a algo oscuro, enigmático, «difícil de interpretar».

El centauro Quirón

Los centauros eran criaturas fabulosas que poseían cuerpo de caballo y torso humano. Quirón, uno de ellos, era tan inteligente y sabio que le confiaban la educación de numerosos dioses.

Entre los signos del zodiaco, el de Sagitario se representa por medio de un centauro.

— III —

Primer trabajo

El león de Nemea

— REY EURISTEO, me pongo a tu servicio como un esclavo. Conoces mi fuerza; dime tus deseos y yo los ejecutaré.

Hera que asiste, invisible, a la escena inspira las siguientes palabras al rey:

— Cerca de Nemea, en Argólida, existe un bosque donde habita un terrible león que devora rebaños y pastores. ¡Mátalo y tráeme su piel, tú, que te crees tan fuerte!

Una malvada sonrisa se manifiesta en la boca de Euristeo, mientras que sus pícaros ojos observan la marcha de Hércules.

— No se trata de un león, sino de un monstruo, ¡sí! –se burla. Porque no le ha dicho que ha nacido de la serpiente Equidna, lo mismo que su hermana, la esfinge de Tebas.

Los dos vástagos fueron el horror de su madre, que se los confió a la Luna, a Selene. Actualmente, estos dos monstruos están devastando, el primero Egipto, el segundo el país de Nemea.

¿Cómo podrá Hércules escapar de la muerte, ya que ningún arma de madera o de metal logra hacer la más ligera herida en la piel invulnerable de este monstruoso león? De todos los valientes cazadores que han intentado matarlo, jamás ninguno ha regresado. Euristeo se frota las manos ya que ha dado con el método de librarse de Hércules, de este esclavo molesto que corre el riesgo, nunca se sabe, de reivindicar algún día su trono. Y Hera,

«La espada se dobla. Pero aún le queda la maza. Hércules la esgrime, pero salta en pedazos en cuanto choca con las fauces del animal.»

de la que conoce su odio hacia Hércules, le estará sin duda agradecida.

Durante mucho tiempo va Hércules por el bosque sin encontrar ninguna huella del león al que acosa. Por fin, lo ve en el monte Treto. El enorme animal todavía tiene sus fauces enrojecidas con la sangre de su última víctima. Completamente saciado no hace ni caso de Hércules, que coge el arco y sus flechas. Con todas sus fuerzas tensa el arco y la flecha parte, silbante, exacta... para rebotar sobre la piel del león. El monstruo apenas vuelve la cabeza, se lame sus ijadas, bosteza y prosigue su camino. Cogiendo y empuñando su espada con las manos, Hércules corre tras el león. Cuando lo tiene a su alcance, le asesta un violento golpe en el lomo. ¡Horror! La espada se dobla. Pero aún le queda la maza. Hércules la esgrime, pero salta en pedazos en cuanto choca con las fauces del animal, que consigue llegar a su guarida. Antes de seguir al animal, nuestro héroe observa los alrededores y se da cuenta de que la guarida tiene dos salidas. Rápidamente, con ayuda de una roca que hace rodar tan fácilmente como un niño lo haría con una canica, tapa una de las salidas. Tomada esta medida, se introduce en la sombría caverna.

¡Qué olor! Pronto se da cuenta de que no son piedras con lo que tropieza en su marcha, sino huesos, esqueletos, cráneos... Es todo lo que queda de un inocente rebaño o quizá del valor de algunos hombres. El olor nauseabundo hace el aire irrespirable, pero el hijo de Zeus, sin nada en sus manos, continúa adelante. Entonces escucha un gruñido. Una vez acostumbrado a la oscuridad, puede ver a la espantosa criatura, con los colmillos dispuestos al ataque, furiosa al sentir violada su madriguera. El león retrocede para tomar impulso. Hércules tensa todos sus músculos. El choque es de lo más violento.

Siente contra su rostro el caliente aliento del monstruo, sus afilados colmillos, sus ojos amarillentos. Hércules no piensa en nada. Sus manos agarran vigorosamente el cuello del león. Debajo de su espesa melena, siente unos poderosos latidos. No distingue si proceden del león o de su corazón, que late con una regularidad pavorosa. Únicamente sabe que tiene que apretar, apretar con todas sus fuerzas, con toda su voluntad. ¿Cuánto tiempo transcurre? ¿qué es ese liquido caliente que discurre por las manos y gotea por los brazos? ¡Sangre! Hércules suelta lentamente a su presa y el león, asfixiado, se derrumba; está muerto.

Hércules acaba de realizar la primera parte del cometido que Euristeo le ha encargado. Pero aún queda la segunda: presentar la piel del animal a los pies del rey. Hércules coge los machetes que siempre lleva a la cintura. Pero, ¡oh sorpresa!, la hoja no logra cortar la gruesa piel. Se dobla, al igual que la espada, y corre el riesgo de partirse si lo intenta de nuevo. De modo que la piel del animal, aún después de muerto, sigue siendo invulnerable. Hércules reflexiona. Su cabeza no encuentra ninguna solución, y cuanto más observa al animal, más imposible le parece su tarea. Su mirada se detiene en las poderosas garras de la fiera. Levantándose bruscamente, suelta una carcajada. Está claro, ¡puede descuartizar al animal utilizando sus propias garras! Lo realiza con toda rapidez, ya que son muchas las ganas que tiene de abandonar esta caverna sombría y nauseabunda.

Y con la piel sobre sus hombros se presenta, unas horas después, ante las puertas de Tirinto. ¿Por qué Euristeo se queda tan espantado? ¿Por el valor de Hércules o por el terrorífico aspecto de la piel de la que se ha revestido? Nadie lo sabe. Pero prohíbe a Hércules penetrar en el interior de las murallas:

— ¡No entres! Unos mensajeros te transmitirán mis órdenes.

En cuanto a Zeus, para inmortalizar la primera hazaña de su hijo, crea la constelación de Leo.

Juegos

— III —

El león de Nemea

1 Crucigrama

A - Completa el cuadro siguiente con los seis primeros nombres propios que has encontrado al principio de este capítulo.

E	U	R	I	S	T	E	O
H	E	R	A				
A	R	G	Ó	L	I	D	A
N	E	M	E	A			
H	E	R	C	U	L	E	S
E	Q	U	I	D	N	A	
T	E	B	A	S			

B - Con las letras de las casillas coloreadas colocadas en el orden apropiado, formarás la palabra que define la guarida de los animales salvajes.

Respuesta: Madriguera

2 Adivinanzas

Encuentra las armas con las que Hércules se ha enfrentado al león de Nemea resolviendo las siguientes adivinanzas:

A – En tamaño soy
menos que tronco y más que bastón.
Del olivo nací.
De Hércules soy su arma y su bastión.
El hijo de Zeus
poca cosa es sin mí.

¿Quién soy? **Respuesta:** maza

B – Hay que utilizarme
con fuerza y habilidad.
Solo no tengo maldad,
alguien me debe tensar.

¿Quién soy? **Respuesta:** Arco

C – A pesar de mi acero templado,
el león de Nemea me ha doblado.

¿Quién soy? **Respuesta:** Espada

3 Completar

Con ayuda de la siguiente lista puedes encontrar las palabras que faltan en las siguientes frases:

Lista: invulnerable - descuartizar - piel - garras - asfixiar

Euristeo ordena a Hércules que le traiga la .... del león de Nemea. Hasta ese momento ningún cazador ha podido matarlo, ya que su piel es .... Hércules, sin embargo, lo consigue .... Para .... al animal Hércules se ayuda de las propias .... del león.

Hera es la mujer de Zeus, también es la diosa que persigue con odio a Hércules. Descubre por qué leyendo esta ficha.

Ficha de identidad

Nacida de:
Crono y Rea

Hermana de:
Hades, Zeus, Poseidón...

Esposa de:
Zeus

Madre de:
Hefesto, Ares, Hebe.
El monstruo Tifón nació de ella, como respuesta al nacimiento de Atenea (véase página 53).

Profesión:
Diosa de la Familia, protectora del matrimonio.

Dirección:
El Olimpo.

Animal:
El pavo real, el cuclillo (para conquistarla, Zeus, que la deseaba, se transformó en cuclillo).

Fruto:
La granada.

Santuarios donde se la venera:
Argos, Olimpo, Samos (isla en la que se dice que nació).

Equivalente romano: Juno.

Retrato

Representada con aspecto de mujer majestuosa, con frecuencia lleva el cetro en la mano. Cerca de ella está su pájaro favorito, el pavo real.

Características particulares

Es muy celosa y rencorosa. No duda en castigar a sus rivales, incluso aunque sean inocentes o hayan sido engañadas por las transformaciones de su esposo. Persigue con odio implacable a los hijos fruto de estas relaciones.

IV

Segundo trabajo

La hidra de Lerna

EN LAS TIERRAS DE EURISTEO OTRO MONSTRUO, aún más temible que el león de Nemea, hace estragos. Y, claro está, Euristeo ordena a Hércules que acabe con él.

— Hércules, déjame que te acompañe. Te lo ruego.

— No, Yolao, debo hacerlo yo solo si quiero expiar mi culpa.

— ¡Deja que al menos conduzca tu carro!

La mirada del adolescente es tan lastimera que Hércules no puede resistirse. Conoce la admiración que su sobrino, Yolao, el hijo de Ificles, le profesa, y acepta que le acompañe en esta peligrosa aventura. Durante el camino, Yolao no para de hacer preguntas a Hércules.

— ¿Es verdad que la hidra tiene cuerpo de perro con nueve cabezas de serpiente?

Sin esperar la respuesta, continúa con otra pregunta.

— ¿Y cómo vas a darle muerte si, según se dice, cuando se las cortas le crecen de nuevo? ¿Y cómo conseguirás no respirar el veneno mortal que exhala?

Hércules le hace una señal para que permanezca callado. Han llegado a Lerna, que se encuentra cerca del mar, a algunos kilómetros de Argos. Allí están los profundos pantanos que el monstruo frecuenta. El sol brilla sobre las fértiles tierras de los alrededores. Las estancadas y fangosas aguas de la ciénaga despiden un olor pestilente. La hidra, hija de Tifón y de Equidna, está agazapada, silenciosa, esperando que caiga la noche para salir y dar muerte a todos los imprudentes, bien sean hombres o animales, mediante su aliento fétido y venenoso.

Hércules medita acerca del método para obligar a que la horrible criatura abandone su guarida acuática... Atenea, que continuamente vigila al hijo de Zeus, le sugiere una idea. Repentinamente los ojos de Hércules se iluminan, ya lo tiene. A toda prisa enciende un fuego. Sumerge la punta de las flechas en él, tensa su arco y las lanza. Pronto los juncos que existen en el centro de la laguna se encienden. Yolao tose y se frota los ojos debido al humo acre y picante que se desprende de la hoguera.

De pronto, con ruido de catarata las aguas se abren. Y surge ¡la hidra de Lerna! En la orilla, Yolao se ve lanzado hacia atrás por el asustado caballo y siente sus piernas flaquear bajo su peso. Las nueve cabezas, furiosas, se mueven en todas direcciones, escupiendo su envenenado aliento. Hércules, reteniendo la respiración, se ha adelantado y aplasta con su maza la cabeza más cercana, después otra y aún otra más. Pero tras el efecto de sus golpes siempre vuelven a aparecer. Cogiendo, entonces, Yolao una antorcha encendida y con mucho valor, acude en ayuda de Hércules. Tan pronto como éste asesta un mazazo a una de las fauces el adolescente cauteriza el cuello del animal. De modo que ante la carne quemada, las cabezas no pueden rebrotar. Sólo queda ya la que es inmortal. Es entonces cuando Hera, fuera de sí, hace salir del pantano un cangrejo gigante.

¡Cuidado, Hércules! –le avisa Yolao.

¡Demasiado tarde! Hércules, al sentir un vivo dolor en el talón, se vuelve. El cangrejo no tiene tiempo de escapar. Un terrible mazazo acaba de reducirlo a polvo. Aún queda la cabeza inmortal de la hidra. ¿Cómo acabar con ella? En primer lugar, Hércules le corta el cuello con un gesto

«Las nueve cabezas, furiosas, se mueven en todas direcciones, escupiendo su envenenado aliento.»

poderoso y hábil. Y sin pararse a descansar, clava sus flechas en el veneno mortal que a borbotones sale de la herida del animal; después, con toda rapidez, entierra esta temible cabeza en las profundidades de la tierra.

Hércules se encuentra feliz: ha derrotado a la hidra de Lerna y ha realizado el segundo de los trabajos que Euristeo le ha ordenado. En el camino de vuelta, Hércules medita sobre los trabajos que aún debe realizar.

En cuanto a Yolao, sueña con acompañar a Hércules a donde quiera que vaya. ¿Acaso no necesitamos siempre a alguien más pequeño que uno mismo?

Mientras tanto, en el Olimpo, Hera se dirige a Zeus para pedirle que inmortalice al cangrejo por la difícil misión que ella le había confiado. Así es como el cangrejo llegó a ser una de las representaciones de los doce signos del zodiaco, Cáncer.

Algo más tarde, Hércules se presenta ante las murallas de Tirinto para averiguar qué otro trabajo le tiene preparado el rey.

Juegos

— IV —

La hidra de Lerna

1 ¿Quién soy?

En la mitología griega y en otras leyendas son abundantes los animales fabulosos. Recordando los episodios anteriores y otras historias que hayas leído, escribe el nombre del animal fabuloso que habla.

a - Tengo cuerpo de caballo y torso humano. Me han escogido para representar a Sagitario en el zodiaco.

¿Quién soy? **Respuesta:** ....

b - No soy mujer más que a medias y, sin embargo, los marineros me encuentran muy bella.

¿Quién soy? **Respuesta:** ....

c - Mis garras, mis alas, mi cola de serpiente y mis numerosas bocas que escupen fuego, hacen de mí el mejor de los guardianes.

¿Quién soy? **Respuesta:** ....

d - Si me cortan una, pronto me vuelve a crecer. Protégete de mi aliento envenenado.

¿Quién soy? **Respuesta:** ....

e - Soy hermana del león de Nemea. Al igual que él, poseo un cuerpo de león, pero con busto y cabeza de mujer.

¿Quién soy? **Respuesta:** ....

2 ¡Qué de agua!

Etimología

La guarida de la hidra es «acuática». La raíz de este adjetivo es la palabra latina *aqua*, que significa «agua». En griego, hidra tiene también el significado de «agua».

Aquí tienes una relación de palabras cuya raíz procede del latín «aqua», y otra con definiciones. Escribe con cada definición la palabra correspondiente.

acuarela - acuoso - acuario - acueducto

a - Canal que se utiliza para llevar agua. → ....

b - Pintura sobre papel con colores diluidos en agua. → ....

c - Que contiene agua. → ....

d - Lugar donde viven peces en cautiverio. → ....

3 Charada

Mi primera sale de ti...
... y mi segunda, del fondo.
Mi total es el padre de la hidra.

Respuesta: ....

4 Adivinanzas

Conmigo, Hércules ha comprendido que tiene necesidad de alguien más pequeño que él.

¿Quién soy? **Respuesta:** ....

Llegué a ser, gracias al servicio que realicé a Hera, uno de los doce signos del zodiaco.

¿Quién soy? **Respuesta:** ....

Documentación

— IV —

La Esfinge

Un ser monstruoso sembraba el terror en la ciudad de Tebas. Era la Esfinge: rostro y pecho de mujer, cuerpo de león. Situada en un alto a la entrada de la ciudad, planteaba una especie de adivinanza o de enigma a todos los viajeros que por allí pasaban.

La situación se hacía dramática, ya que los devoraba a todos, nadie sabía responder a sus preguntas.

Tan sólo lo consiguió Edipo, héroe de una gran historia.

A la pregunta «¿Quién es el ser que anda sobre cuatro patas por la mañana, sobre dos al mediodía y sobre tres al anochecer?», respondió que el hombre.

Durante su infancia, es decir en la mañana de su vida, anda a cuatro patas. Después, en la madurez, en el mediodía de su existencia, camina sobre dos piernas, y en la ancianidad, el atardecer, utiliza un bastón como tercera pierna.

Derrotada por la inteligencia de Edipo, la Esfinge se arrojó al vacío y se estrelló contra las rocas.

Una familia de monstruos

La madre de la Esfinge, Equidna, lo era también del león de Nemea, de la hidra de Lerna y de otros seres monstruosos.

La mitad de Equidna era una mujer muy bella, y la otra una víbora.

Además de los hijos que ya conoces, también es la madre del águila que devora el hígado a Prometeo, de Cerbero, el perro de los Infiernos, y de la Quimera.

V

Tercer trabajo

El jabalí de Erimanto

—HÉRCULES, trae a mi dueño el jabalí de Erimanto que destroza sus cultivos. Captúralo y tráelo vivo. Este es el deseo de tu rey Euristeo.

Sin más datos, el mensajero del rey se despide de Hércules. Entonces, un viejo campesino se aproxima....

— No te será fácil dar con esa bestia, ya que su territorio de caza es muy amplio. Muchos son los cazadores que han regresado con las manos vacías. No sin dificultad se le sitúa en el valle de Erimanto, ya que las tierras de las altas mesetas que dominan el valle se encuentran devastadas. Hércules, ve con cuidado. Se dice de él que es muy fuerte y peligroso.

— Te lo agradezco, buen hombre, tu información me valdrá de mucho.

Una vez más, Hércules, se pone en marcha. Mientras camina, va pensando... Capturar vivo un animal semejante aumenta la dificultad del trabajo. No cabe duda que es Hera la que ha dado la idea a Euristeo. Pero, ¿qué puedo hacer si no es obedecer?

Hércules va de pueblo en pueblo, pregunta sin descanso a los campesinos y pronto encuentra los lugares devastados por el jabalí y observa cada una de sus huellas. ¡Por Zeus, el animal debe ser fuerte, rápido y peligroso! Pero Hércules se encuentra satisfecho. Sus huellas muestran, sin lugar a dudas, que son recientes. Y puesto que no puede

«El jabalí es fuerte, no parece que llegue el momento en que el cansancio le obligue a aminorar su carrera.»

dar muerte al animal, Hércules concibe la idea de agotarlo en su carrera, persiguiéndolo día y noche, sin descanso. Hércules, convencido de sus propias fuerzas, no acepta la idea de que él, como el animal, también podría cansarse.

Después de una larga marcha de aproximación, llega Hércules al valle del río Alfeo que baña Olimpia. Como buen cazador, tiene cuidado de avanzar en contra del viento, de manera que el jabalí no lo huela. Y camina, a pesar de su envergadura, tan silencioso como Artemisa, la diosa de la caza.

Una vez ha llegado al borde de la escarpada llanura, su actitud cambia totalmente. ¡Abandona la precaución de guardar silencio, así como la artimaña de que su olor no llegue al hocico del animal! Y ahora Hércules grita, lanza piedras, hace rodar las rocas sueltas, golpea con su bastón los espinosos matorrales. A partir de ese momento, el alboroto que provoca es enorme, está a la altura de sus fuerzas.

Su plan es, sin duda, obligar al jabalí a huir siempre delante de él. De este modo ambos recorren los soleados bordes de las colinas que rodean los suaves valles en las cercanías de Arcadia y Élide.

El jabalí es fuerte, no parece que llegue el momento en que el cansancio le obligue a aminorar su carrera. También Hércules es fuerte y además paciente.

El hijo de Zeus obliga al jabalí a abandonar las laderas suaves y sombrías por las verdes y resbaladizas regiones pantanosas. Las cuatro pezuñas del animal encontrarán allí dificultades para mantener su equilibrio, el agua embarrada hará más pesada su piel, haciendo más fatigosa su carrera, mientras que la corpulenta estatura de Hércules le permitirá avanzar con más facilidad.

Así, poco después, Hércules lo ve. Aún corre el jabalí durante bastante tiempo. Mucho tiempo. Después, casi sin notarlo al principio y enseguida de una manera más clara, las señales de cansancio indican a Hércules que esta larga batida está llegando a su fin. Hércules se siente dichoso, ya que también él comienza a notar de manera palpable el cansancio.

Cada vez más cerca de ella, escucha Hércules gruñir a la debilitada bestia. En las alturas, la nieve cubre un paisaje salvaje y accidentado. De pronto, el jabalí desaparece a los ojos de Hércules. Acaba de caer en un gran agujero que la nieve ocultaba. Al acercarse Hércules lo ve socavar el suelo y gruñir de rabia. Entonces, tomando la cuerda que lleva a su cintura, salta Hércules junto al animal.

Éste se encabrita, gruñe, pero nada puede hacer. Hércules monta sobre su lomo y lo obliga a doblarse. En un santiamén, el jabalí se encuentra maniatado como un vulgar gorrino.

Cuando Hércules llega a Tirinto, los habitantes, espantados por la corpulencia del animal, no lo pueden comparar con un gorrino, aunque Hércules lo traiga sobre sus hombros como si se tratase efectivamente de un pequeño animal. Sabían de sobra que seis fornidos hombres hubieran tenido dificultades para transportarlo. ¡Y Hércules lo lleva él solo!

Euristeo, más asustado aún que sus súbditos al ver a Hércules y al jabalí llegar al pie de la muralla, ¡corre a ocultarse en una tinaja de hierro!

Y es desde ese lugar, poco noble donde lo haya, desde donde ordena a Hércules el cuarto de los trabajos.

Juegos

V

El jabalí de Erimanto

1 Familias

Estas familias de animales (macho, hembra, cría) han sido separadas. ¿Sabrías reunirlas?

Rodea los nombres de la misma familia y únelos entre sí con lápices de diferentes colores.

MACHO	HEMBRA	CRÍA
jabalí •	• yegua •	• cordero
verraco •	• vaca •	• cabrito
caballo •	• oveja •	• lechón
toro •	• cabra •	• jabato
chivo •	• jabalina •	• ternero
carnero •	• cerda •	• potro

2 ¿En qué campo?

En la lista que viene a continuación están mezcladas palabras que pertenecen a dos campos léxicos diferentes.

Vocabulario

Un campo léxico comprende aquellas palabras que se relacionan en un mismo dominio. En este capítulo, el campo léxico utilizado es el de la caza.

Rodea con un mismo color las palabras que pertenezcan al mismo campo léxico.

Lista: anzuelo - marea - puerto - caña de pescar - alta mar - carrete - ola - flotador - playa - nasa

3 Charada

Mi primera está en el centro de Castellón.
Con mi segunda puedes comenzar una rima.
Con mis dos últimas te cubrirás.
En conjunto, soy célebre por mi jabalí.

Respuesta: ....

4 Completar

Existen numerosas expresiones formadas a partir de nombres de animales. A continuación tienes una relación de animales y de definiciones.

Encuentra la expresión o el verbo que se deriva del nombre del animal.

Animales: elefante - mono - cotorra - anguila - lince - galgo

Tener una vista excelente, es tener ojo de ....

Escaparse de todos los lugares, es escurrirse como una ....

Tener excelente memoria, es tener memoria de ....

Hablar mucho, es hablar como una ....

Correr mucho, es correr como un ....

Imitar a otro, es ser un .... de imitación.

5 Adivinanzas

Para responder a las siguientes adivinanzas, ayúdate de esta lista.

Animales: asno - chacal - oveja - perro - elefante - tigre - rana - caballo - cuervo - rata

Yo aúllo, soy un ....

Yo rujo, soy un ....

Yo balo, soy una ....

Yo relincho, soy un ....

Yo grazno, soy un ....

Yo ladro, soy un ....

Yo chillo, soy una ....

Yo rebuzno, soy un ....

Yo croo, soy una ....

Yo barrito, soy un ....

Documentación

V

El maratón en los Juegos Olímpicos

En este capítulo, Hércules corre mucho sin detenerse jamás.

Los griegos son los inventores de los Juegos Olímpicos. Estos juegos duraban cinco días. El primero estaba dedicado a las carreras dentro del estadio. Había dos categorías: las carreras de velocidad, que tenían lugar en unos pasillos separados por unos postes, y las carreras de fondo, en las que era necesario dar varias vueltas a la pista.

Sin embargo, el maratón no figuraba entre estas carreras. Como prueba deportiva, es una invención moderna en la que los corredores deben completar una distancia de 42,195 kilómetros.

El primer maratoniano

¿Conoces el origen de esta disciplina deportiva?

En el año 490 antes de Jesucristo, bajo el mando del general Milciades, los griegos derrotaron a los persas en Maratón. Era necesario comunicar esta victoria cuanto antes a Atenas, que distaba de allí 42 kilómetros. Un soldado fue quien recorrió esta larga distancia sin detenerse y, tras entregar el mensaje, murió extenuado.

— VI —

Cuarto trabajo

Los establos de Augías

EURISTEO ha invitado a sus amigos a un gran banquete. En la inmensa sala, todos comen y ríen.

— Euristeo, admiro tu habilidad. ¡Hércules jamás conseguiría limpiar los establos de Augías en un solo día! –dice uno de los invitados.

— ¿Es verdad que Augías tiene trescientos toros negros de patas blancas? –pregunta otro invitado

— Sin contar doscientos sementales de color rojo –añade un tercero.

— ¡Diablos! ¡Un dios protege a estos animales de toda clase de enfermedades!

— ¡Y les asegura una fecundidad sorprendente! –añade otro invitado.

— ¡Imaginad, pues, la cantidad de estiércol que debe haber en esos establos! ¡Teniendo en cuenta, además, que en treinta años jamás han sido limpiados! –dice otro entre carcajadas.

— ¡Y qué me decís del olor! –exclama Euristeo, cogiéndose la nariz entre dos dedos– ¡Disfruto sólo de imaginar a nuestro gran Hércules transportando sobre sus anchos hombros esos cestos de estiércol! ¡Esta vez podremos ver si su fuerza y su resistencia le sirven de ayuda!

Cuando Hércules escuchó la orden de Euristeo –«¡Ahora vete a limpiar los establos de Augías!»–, comprendió perfectamente que, además de lo imposible del trabajo,

Euristeo había querido, sobre todo, humillarlo encargándole una tarea reservada a los esclavos. Pero debía obedecer una vez más.

Mucho antes de llegar, el olfato de Hércules le hace comprender que, por una vez, lo que murmura el pueblo es cierto al decir que el aire de Feloe es irrespirable.

Hércules reflexiona. Imposible penetrar en el establo por la pestilencia que allí hay. Imposible limpiarlo con los medios habituales que utilizan los campesinos, debido a la enorme cantidad de estiércol acumulado. ¿Qué hacer?

Hércules asciende a una colina próxima. ¿Quizás esperaba encontrar un aire menos fétido? No. Lo que trata es de que su vista pueda abarcar toda la región. Una vez en lo alto, observa el paisaje y se da cuenta de que los establos son más grandes de lo que había imaginado. También advierte que se encuentran situados en el fondo de un valle no lejos del curso de dos ríos, Alfeo y Peneo.

Hércules se pone enseguida manos a la obra, transportando bloques de piedra, excavando canales, allanando colinas. Todos los habitantes de la Élide miran cómo trabaja y los comentarios corren de boca en boca.

— ¡No se puede cambiar de esta manera el orden de los elementos naturales! Todas estas alteraciones no van a ser del agrado de los dioses...

— ¡Qué fuerza más prodigiosa! ¡Se ve claramente que es hijo de Zeus!

— ¡Gasta sus fuerzas y pierde su tiempo inútilmente!

— ¡Pobre Hércules, se ha vuelto loco!

Pero entre la muchedumbre algunos hombres perspicaces empiezan a sospechar las razones del trabajo de Hércules. Uno de ellos, para saber a qué atenerse, sube a la cumbre más alta de los montes que rodean el valle. Y ve y comprende. Sin perder tiempo, y a riesgo de romperse

«Hércules reflexiona. Imposible penetrar en el establo por la pestilencia que allí hay.»

el cuello de lo deprisa que va, informa a sus compañeros de que tienen razón:

— ¡Hércules está trabajando para desviar el curso de los ríos Alfeo y Peneo!

— Lo sospechaba.

— Pero, ¿por qué hace esto? –pregunta un niño.

— Porque, al desviarse, los dos ríos se encontrarán justo en el centro de los establos de Augías.

— ¡Y de esta manera las aguas de los dos ríos se llevarán todo el estiércol que infesta el aire desde hace tanto tiempo!

— ¡Más adelante, también haré lo mismo que Hércules! –exclama un niño dando palmadas.

Únicamente le queda a Hércules realizar el penúltimo esfuerzo en esta obra: practicar dos gigantescos agujeros, en cada extremo de los muros de los establos. A continuación, sólo tendrá que soltar las aguas de los dos ríos.

— ¡Cuidado!

Ante la mirada pasmada de la muchedumbre, Hércules suelta las torrenciales aguas de los dos ríos. Turbulentas, impetuosas, las aguas ruedan cuesta abajo por su nuevo trazado. Con un ruido ensordecedor, penetran en los establos –Augías ha retirado antes sus animales– y vuelven a salir por el otro extremo llevándose el estiércol legendario.

La muchedumbre, silenciosa hasta entonces, da rienda suelta a su alegría y a su agradecimiento hacia Hércules. Tratan de verlo, se empujan, se aplastan, lo llaman; su nombre está en todas las bocas. ¿Se ha ido? ¡No es posible! Deben agradecerle, sin embargo, el haber devuelto al aire la pureza que sus habitantes no conocían desde hacía muchos años.

Hércules ya se encuentra lejos, va camino de Tirinto, mientras se pregunta por el nuevo trabajo que le espera.

Juegos

— VI —

Los establos de Augías

1 Vocabulario

¿Dónde vive cada uno? Une cada animal con su guarida.

el conejo •	• pocilga
el caballo •	• colmena
el carnero •	• conejera
las aves •	• cuadra
el cerdo •	• aprisco
la vaca •	• establo
la abeja •	• gallinero

2 Charadas

Al solucionar estas dos charadas, encontrarás dos adjetivos sinónimos empleados en el texto.

Mi primera empieza turbia.
Con la segunda comienza el bullicio.
Pero las dos últimas llegan despacio.
Cuando me reúno, mis aguas están bastante agitadas.

Respuesta: ....

Mis dos primeras son casi un torrente.
Para mi tercera abrevia compañía.
En conjunto, así son las lluvias en el trópico.
Y la última, al final te la dará Aristóteles.

Respuesta: ....

3 Crucigrama

Resuelve este crucigrama.
En él encontrarás algunas palabras del texto.

HORIZONTALES

I. Los establos de Augías están llenos de él.
II. Augías posee trescientos negros y doscientos rojos.
III. Gracias a ella, Hércules consigue limpiar los establos de Augías.
IV. Lo que hace Hércules con los establos.

VERTICALES

1. Uno de los ríos cuyo curso desvía Hércules.
2. El dueño de los establos.
3. Pequeño río.
4. Alisar un terreno.
5. Lugar donde se guardan los caballos.

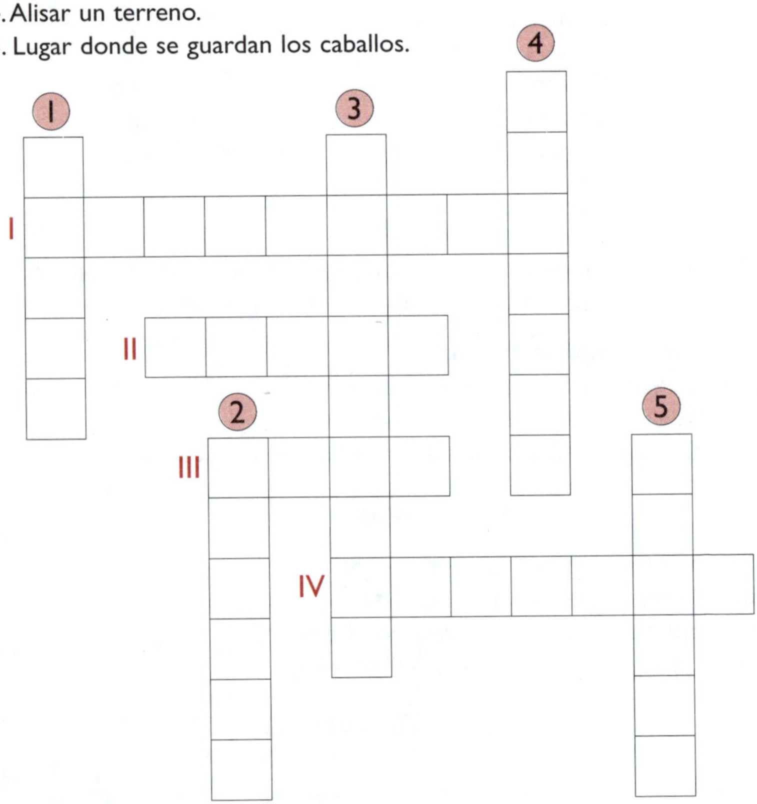

Documentación

— VI —

Hermes, dios de los ladrones

Hermes nació en el fondo de una cueva en Arcadia. Su madre, Maya, lo depositó en una cuna y continuó con sus ocupaciones. Transcurrieron algunas horas durante las cuales Hermes creció y creció...

Cuando ya fue grande, decidió descubrir el mundo. Llegó a Tesalia y descubrió un magnifico rebaño de vacas del que decidió apropiarse rápidamente. Sin embargo, este niño, grande para su edad, era ciertamente astuto. Empezó por envolver las pezuñas de los equinos con cortezas de árbol y obligó a caminar al ganado hacia atrás, de modo que las huellas no dejasen traslucir su itinerario. Así llegó a Pilos, donde se escondió en una cueva.

Pero el propietario del rebaño, el dios Apolo, que tenía el don de la doble visión, lo encontró haciéndose el dormido, muy tranquilo en sus pañales. Apolo acusó al bebé de ser el ladrón. La madre no podía creerlo, así que decidió acercarse al Olimpo para exponer los hechos a Zeus. Apolo declaró haber reconocido las pieles de sus animales a la entrada de la cueva. El pequeño Hermes lo negó durante bastante tiempo, si bien acabó confesando la verdad. Sí, él era el ladrón y es cierto que había matado a dos animales. Apolo estaba furioso. Entonces Hermes le entregó un extraño instrumento fabricado con el caparazón de una tortuga, un trozo de piel de vaca y unas cuerdas hechas de tripa. Hermes acababa de inventar la lira.

— VII —

Quinto trabajo

Las aves del lago Estínfalo

—MI REY, ¿me has hecho llamar?

— Así es. Me han dicho que has viajado mucho –dice Euristeo.

— Mi rey, he recorrido toda Grecia.

— ¿Y has visto las aves del Estínfalo?

Espantado, el hombre da un paso atrás.

— Dime cómo son –le exige Euristeo.

— Despiertas en mí unos tristes recuerdos... Sí, para mi desgracia, he visto esas aves infernales.

— ¿Cómo son? ¿Cuántas son? Un hombre valiente y fuerte, ¿puede acabar con ellas?

— No, nadie podría. Imagínate una inmensa nube de aves monstruosas. Como todas las aves, vuelan batiendo las alas, pero, en lugar de estar formadas de docenas de ligeras plumas, están hechas de bronce. También son de bronce sus picos y sus curvadas garras.

— ¿Y son muchas? ¿Son muy numerosas?

— ¡Oh, sí! ¡Son incontables! Hasta el punto de que, cuando vuelan juntas, cubren el suelo con su sombra. Se diría que es una nube que no deja pasar los rayos del sol.

— ¿Atacan a los hombres?

— Desgraciadamente, he visto cómo mataban a todos mis camaradas.

«Aprovechando ese momento, Hércules tensa su arco y lanza una flecha tras otra contra la nube de aves sin darse descanso.»

— Cuéntamelo todo, sin olvidar detalle. Sabría mostrarme generoso contigo si tu historia me gusta.

— Mientras volaban, esas espantosas aves nos lanzaron una granizada de plumas. Ya te dije que éstas eran de bronce y atravesaron a mis compañeros como si fuesen aceradas flechas. ¡Fue horrible! Aún me parece escuchar el estruendo ensordecedor de su vuelo. Comparado con aquel ruido, la fragua de Hefesto debe de ser un remanso de paz.

— ¿Y es cierto que devoran a los hombres?

— Escondido entre dos enormes piedras, no vi la masacre. Pero cuando se hizo el silencio, no había ni rastro de mis compañeros. Las voraces aves los habían devorado.

— ¿Sabrías decirme si esas aves se encuentran en las orillas del lago Estínfalo?

— Eso dicen. Yo no he regresado allí nunca más.

— Eso es todo. Ya puedes irte.

Este es el nuevo trabajo que Euristeo encarga a Hércules: ¡acabar con las aves del lago Estínfalo! Después de lo que el hombre le había contado, ¿cómo no estar convencido de que el hijo de Zeus no escaparía de ésta? Euristeo se frota las manos, seguro de haber encontrado el medio de dar una alegría a Hera. En resumen, Hércules no regresará vivo de esta expedición.

Un bosque espeso rodea el lago. Escondido entre los árboles Hércules observa las terribles aves. Su número es impresionante. Por el momento se encuentran descansando a las orillas del lago. Hércules los observa durante bastante tiempo.

— Ah, un pavoroso trueno podría sembrar el pánico entre las aves... ¿Cómo producir un ruido semejante para asustar y enloquecer a todas estas aves reunidas? –piensa para sí el hijo de Zeus.

— ¡Hércules!

— ¿Quién me llama de este modo?

— Hércules, no puedes verme. Solamente debes escuchar. Soy Atenea, hija de Zeus. Me gusta ir en ayuda de los enemigos de Hera. Detrás de ti, entre la maleza, encontrarás un par de platillos de bronce forjados por el mismo dios Hefesto. Sé que los utilizarás convenientemente...

Las últimas palabras de la diosa se confunden con el murmullo del viento en la espesura del bosque.

Hércules se pregunta si no lo ha soñado. Sin duda que no, ahí están los dos platillos. Hércules los recoge, y sin perder tiempo, los golpea con todas sus fuerzas el uno contra el otro. Abandona el bosque sin dejar de golpearlos violentamente. El ruido es infernal, es tan ensordecedor que las aves se vuelven locas de terror. Vuelan en todas direcciones, como cegadas por el ruido. Aprovechando ese momento, Hércules tensa su arco y lanza una flecha tras otra contra la nube de aves sin darse descanso. Una lluvia de aves muertas se abate enseguida a su alrededor.

De este modo Hércules resolvió con éxito el quinto de los trabajos que Euristeo, inspirado por Hera, ideó para él.

Juegos

— VII —

Las aves del lago Estínfalo

1 ¿Verdadero o falso?

¿Eres un buen lector? Lo sabrás si respondes a estas preguntas.

Señala las respuestas correctas.

A – Las plumas de las aves del Estínfalo son:

a de hierro. b de bronce. c de cobre.

B – Las aves son:

a numerosas. b muy numerosas. c incontables.

C – Matan a los hombres:

a con ayuda de sus garras curvadas.
b dejándose caer sobre ellos.
c lanzándoles una granizada de plumas.

D – Las aves tienen miedo:

a del ruido. b de Hefesto. c de la música.

E – La diosa que ayuda a Hércules se llama

a Hera. b Atenea. c Leda.

F – Esta diosa proporciona a Hércules:

a unos timbales. b un tambor. c unos platillos.

2 Homónimos

¿Sabrías escribir correctamente estas palabras cada vez que cambian de sentido?

Vocabulario

Ya sabes que palabras «homónimas» son aquellas que, pronunciándose de idéntica manera, se escriben de modo diferente y no tienen el mismo significado.

Lista: hasta - asta - vaca - baca - ahí - hay

La bandera a media ....

Estoy viendo a la .... cómo pace.

No .... nadie en ese coche, está vacío.

Encontré el libro, ... está, sobre la silla.

El coche no tiene la .... colocada.

¿....................... qué hora quieres que te espere?

3 Charada

Las aves que Hércules debe matar, atacan y devoran a los hombres. Si respondes a esta charada encontrarás un adjetivo que define a estas aves.

La primera, andando.
La segunda, en metro.
La tercera, en descapotable.
La cuarta, ni fu pero tal vez fa.
Y la quinta, en medio de este engorro.
Al unirme, soy terrible comedor de carne humana.

Respuesta: ....

4 Completar

Trabaja ahora con algunas raíces griegas.

Si les añades el sufijo «-fago» se obtienen las palabras siguientes. Encuéntralas.

Etimología

La palabra que has encontrado al resolver la charada está compuesta de dos palabras griegas: *antropos*, que significa «hombre», y *fago*, que significa «comer».
Un antropófago es, por lo tanto, una persona que se alimenta de carne humana.

Relación de raíces de origen griego:

- necro-: cadáver
- xilo-: madera
- zoo-: animal

Un animal que se alimenta:

- de cadáveres es ....
- de madera es ....
- de otros animales es ....

Consejera de dioses y de mortales, hija favorita de Zeus, protege a los héroes en su lucha por el Bien. Descubre otras de sus particularidades...

Ficha de identidad

Atenea

Retrato
Belleza sencilla y modesta. Aspecto serio, pero lleno de nobleza, de fuerza y de majestuosidad. Lleva un casco, una lanza, un escudo y la égida.

Características particulares
Hija predilecta de Zeus. Junto con Ares, es la única que lleva la égida de su padre. Atenea tiene el poder de proporcionar el don de la profecía y de prolongar la vida a los mortales. Siempre se muestra justa y clemente.

Nacida de:
Zeus, quien, al saber que el futuro hijo de Metis le destronaría, la devoró estando ella embarazada. Por eso Atenea salió con sus armas del cráneo de su padre, después de que Hefesto diera un hachazo en la cabeza a Zeus para aliviarle de los dolores de los que se quejaba.

Hermana de:
Ares, Hefesto y muchos otros.

Esposa de:
Nadie, nunca quiso casarse y permaneció virgen.

Profesión:
Diosa de la Sabiduría, de la Guerra justa, de las Ciencias y de las Artes.

Dirección:
El Olimpo.

Animales:
La lechuza y el dragón.

Árbol :
El olivo.

Santuario:
El más famoso se encuentra en Atenas.

Equivalente romano:
Minerva.

Hijo de Zeus, Hefesto asumió un día la defensa de su madre, Hera. Las consecuencias para él fueron, ¿favorables o funestas?

Ficha de identidad

Hefesto

Nacido de:
Zeus y Hera; fue su primer hijo.

Hermano de:
Ares y Hebe.

Esposo de:
Afrodita, diosa del amor.

Padre de:
Erictonio.
Hefesto sintió grandes deseos de poseer a Atenea, que había ido a recoger sus armas. Su semen cayó en la tierra y dio lugar al nacimiento de Erictonio. No se conoce que tuviera descendencia con Afrodita.

Profesión:
Dios del Fuego, armero y herrero de los inmortales. Forja los rayos de Zeus.

Dirección:
El Olimpo.
Su residencia en la tierra fue primero la isla volcánica de Lemnos, de la que Prometeo robó el fuego. Finalmente se estableció en las profundidades del Etna.

Animal: El león.

Equivalente romano: Vulcano.

Retrato
Hombre de edad madura, con barba, en su mano derecha lleva un martillo y en la izquierda unas tenazas.

Características particulares
Es un ser deforme y repelente, está cojo desde el día en que Zeus lo arrojó de lo alto del Olimpo, cuando Hefesto le reprochó a su padre haber suspendido a Hera por las muñecas en el cielo (Zeus quiso castigarla de esta forma por haber apoyado una revuelta contra él).

VIII

Sexto trabajo

La cierva de los cuernos de oro

BAJO LAS MURALLAS DE TIRINTO, Hércules espera órdenes de Euristeo. ¿Qué se le puede ocurrir esta vez si la rencorosa Hera le aconseja? Cuanto más espera, más se inquieta Hércules. Da cientos de pasos bajo las murallas de la ciudad. Por fin se presenta un mensajero...

Traer viva la cierva de los cuernos de oro y las patas de bronce, ¡ese es el sexto trabajo que Hércules debe realizar! Esta cierva no le es del todo desconocida... Hércules remueve sus recuerdos. Sí, ahora se acuerda. Es un niño, ya es de noche e Ificles, su hermano, no se quiere dormir. Pide que le cuenten un cuento y pronto, en el cuarto silencioso y oscuro, se oye la voz de la nodriza que cuenta...

— Artemisa, cuando era niña, más o menos como de vuestra edad, ya sentía adoración por los animales. Un día, descubrió cinco magnificas ciervas paciendo tranquilamente a las orillas de un río. Sus cuernos brillaban al sol. Artemisa las quería para tirar de su carro. Era muy tozuda, y todo lo que deseaba lo lograba. La carrera, pues, dio comienzo. Ligera, saltarina como las que perseguía, Artemisa corrió sin descanso. Capturó a la primera cierva, a la segunda, a la tercera y por fin a la cuarta, sin llegar a utilizar su arco. La quinta se le escapó, y Artemisa, sin enfadarse, la dejó libre. Todos, dioses y hombres, ahora ya saben que esta cierva es la protegida de la diosa de la caza.

Hércules reflexiona. Dar caza a la cierva fugitiva, la única que consiguió escapar a la carrera de Artemisa, no es cualquier cosa. ¿No sería soberbio por su parte el sólo hecho de intentarlo? ¿No se sentiría celosa la diosa Artemisa? Pero Euristeo no le da ninguna opción. Así pues, ya lo tenemos en camino. Hércules tiene muchas dificultades para encontrar su rastro ya que la cierva se desplaza con rapidez y a su antojo. Pregunta a todos los que encuentra, pero en cuanto le dicen que la han visto en la Arcadia, ya oye a otros decir que debe de estar en las pendientes del monte Parnaso. Después de haber recorrido llanuras, escalado montañas, cruzado valles y atravesado océanos, por fin Hércules la ve huir por un bosque.

A partir de ese momento sigue sus pasos, sus huellas. La cierva se da cuenta que Hércules está dispuesto a seguirla al fin del mundo. ¡Y decide llevarle hasta allí!

Hércules, precedido de la cierva favorita de Artemisa, corre de norte a sur, de este a oeste. Ambos recorren los confines del mundo. La resistencia de la cierva en la carrera es por lo menos similar a la de Hércules. Sobre sus patas de bronce casi parece volar. Tras ella Hércules corre sin darse descanso.

Durante un año entero recorren de este modo el mundo entero. Entre ellos existe ya una especie de complicidad. La cierva no teme que la muerte le llegue de la mano de Hércules y éste sabe que la cierva no tratará de escapar.

Una tarde, bajo la dorada luz del atardecer, la cierva aminora algo su velocidad para permitir que Hércules se coloque a su altura. Pero cuando él se encuentra a dos o tres zancadas, ella acelera bruscamente. Hércules entiende el juego que la cierva de los cuernos de oro le quiere imponer: una última carrera, al término de la cual habrá un vencido y un vencedor.

«Una última carrera, al término de la cual habrá un vencido y un vencedor.»

¡Ambos son dos fuera de serie! Los dos corren a más no poder por la llanura que comienza a oscurecerse. Tensando sus músculos, Hércules realiza un esfuerzo formidable: apenas sin que se note consigue adelantar a la cierva

Ahora puede, sin dejar de correr y de manera muy delicada, echarle sus brazos al cuello, igual que hizo Artemisa con sus cuatro hermanas.

Las luces del sol que se oculta iluminan las aguas del río, mientras Hércules, con la cierva sobre sus hombros, se encamina en dirección a Tirinto para demostrar a Euristeo que ha logrado capturarla viva. El héroe se pregunta si la cierva no se ha dejado coger...

Juegos

— VIII —

La cierva de los cuernos de oro

1 Mensaje secreto

¿Sabrías descodificar este mensaje secreto? Es importante que Hércules conozca su contenido, de lo contrario se atraerá la cólera de la diosa Artemisa.

Para que te sirva de ayuda, la última palabra es exactamente ARTEMISA, el código es ZIGVÑRHA.

Mensaje cifrado:

SVIXFOVH NL JFRVIV ÑZGZI Z OZ XRVIEZ WV OLH XFVINLH WV LIL.
VH OZ KILGVTRWZ WV ZIGVÑRHZ.

Pista: la primera es la última.

Respuesta: ....

....

2 Charadas

Para encontrar con más facilidad la solución a estas charadas, lee la ficha de la página 61 y la documentación de la página 62.

Mi primera es la primera.
La segunda no es ni poco.
La tercera, te lo digo
Mi total es el hermano de la diosa de la Caza.

Respuesta: ....

La primera comienza a ser legal.
La segunda temina en pleito.
En conjunto, soy la madre de los dioses gemelos.

Respuesta: ....

Mi primera la sé.
La segunda la encuentro en la tele...
Y la tercera en cualquier carné.
Juntas somos otro nombre de Artemisa.

Respuesta: ....

3 Palabras mezcladas

En el siguiente cuadro encontrarás, muy ocultas, las siete palabras siguientes:

DECIDIDO - INFATIGABLE - VALEROSO - RAPIDO - RESISTENTE - RENCOROSA - INQUIETO

Nota: Las palabras ocultas pueden estar escritas al revés, horizontalmente o en vertical.

Todos estos adjetivos designan las cualidades tanto de Hércules como de la cierva que persigue. No obstante, hay un intruso que se relaciona con Hera.

¿Cuál es? ....

A	L	A	S	O	R	O	C	N	E	R
N	G	B	H	J	L	A	V	I	O	N
I	N	F	A	T	I	G	A	B	L	E
N	U	I	N	G	M	Ñ	L	Z	S	A
Q	O	D	I	D	I	C	E	D	M	V
U	D	I	A	U	C	T	R	V	B	N
I	I	M	A	Q	U	I	O	P	O	L
E	P	H	E	R	V	U	S	F	L	E
T	A	P	I	A	D	E	O	U	N	O
O	R	E	S	I	S	T	E	N	T	E

Ficha de identidad

Esta hija de Zeus ama el bosque y la caza. ¿Sabes quién es su hermano gemelo? ¿Tiene muchos puntos en común con él?

Retrato
Altiva y orgullosa, vestida de cazadora. Sus piernas y pies están desnudos. Sus cabellos están recogidos por detrás y sobre su frente hay una media luna.

Características particulares
Utiliza diferentes nombres según los lugares que frecuenta (lo mismo que su hermano gemelo Apolo):

- en la noche, Selene (la Luna);
- en la tierra, Artemisa;
- en los Infiernos, Hécate.

Tiene un séquito de ninfas, las sesenta Oceánidas y las veinte Asias.

Artemisa

Nacida de:
Zeus y Leto.

Hermana gemela:
de Apolo.

Esposa de:
Nadie. No quiso casarse nunca.

Profesión:
Diosa de la Caza, de los Bosques y de la Luna.

Dirección:
Los montes y los bosques.

Animales:
La cierva y el jabalí.

Personalidad:
Gusto demostrado por la caza.

Santuario:
El más conocido es el de Éfeso.

Día dedicado:
El lunes.

Equivalente romano:
Diana, diosa de la Luna.

Documentación

— VIII —

Acteón y la cruel diosa Artemisa

Acteón lleva varias horas de caza con sus perros. Tiene sed y calor. Escucha un ruido cristalino. ¡Es agua! Sin duda se trata de una fuente. Son muchas las que hay en esta región montañosa. El manantial proviene de una cueva. ¡Por fin Acteón va a poder encontrar una sombra y apagar su sed!

El joven no sospecha que allí es donde la diosa Artemisa suele ir a bañarse.

En un pilón profundo y fresco, al fondo de la cueva, está Artemisa, completamente desnuda, refrescándose con agua clara. En ese momento la sorprende Acteón para su desgracia. La diosa, ofendida de que la vean desnuda, arroja agua al rostro de Acteón, que queda transformado en ciervo.

Enloquecido, el animal en que se ha transformado huye. Entonces sus perros se lanzan en su persecución. Por más que corre, pronto le dan alcance, y el pobre Acteón acabará siendo devorado por sus propios perros.

— VII —

Séptimo trabajo

El toro de Minos

HÉRCULES está a punto de embarcar hacia la isla de Creta, ya que es allí donde debe llevar a cabo su séptima prueba. Esta vez Euristeo le ha encargado capturar el toro loco del rey Minos. Desconoce lo que le espera, pero sospecha que la tarea será muy penosa. Aún recuerda las dificultades de su anterior hazaña. Ya desea un descanso, pero de sobra sabe que Euristeo no se lo concederá hasta el momento en que haya pagado totalmente su culpa. Hércules se ha hecho desconfiado a medida que las pruebas se van desarrollando. Este animal no debe ser normal, puesto que el rey le ha encargado su captura. Para saber a qué atenerse, decide preguntar a la tripulación que le acompaña:

— ¿El toro de Minos?

La reacción es inmediata: el pánico se lee en todos los rostros.

— ¡Oh, viajero! ¿Quién eres tú para enfrentarte a un monstruo semejante? –le pregunta uno.

— ¡No te asusta nada! –ironiza un segundo.

— ¿Conoces tú, pobre hombre, cuál es la historia de este animal? –le interroga un tercero–. Escucha con atención: surgió del mar en las orillas de Creta. Y no fue por casualidad. Es Poseidón quien lo envió para poner a prueba la palabra de Minos. En efecto, Minos le había prometido ofrecerle la primera criatura que saliera del mar. Pero cuando vio el esplendor de este animal con el pelaje tan blanco como el alabastro, con sus costados tan robustos como las columnas de un templo, con los ollares de la nariz humeantes como la espuma del mar bravío, rompió su juramento y se quedó con el toro...

— Esperaba poder engañar al dios de los mares ocultando al animal entre sus pastos y sacrificar cualquier otro animal cuya hermosura estaba muy lejos de igualar la del toro blanco –continuó un cuarto–. Poseidón no se dejó engañar con esta estratagema y, para castigar al rey perjuro, volvió loco al fabuloso animal...

— Ha roto todas las cadenas con las que han tratado de sujetarlo, ha destrozado todos los recintos donde han intentado encerrarlo –añade otro–. Desde ese día recorre Creta en todas direcciones, sembrando el pánico allí por donde pasa. Destroza nuestros campos, destruye los muros de nuestros huertos, sin que nadie pueda dominarlo.

— ¡Así pues, era eso! –se dijo Hércules. Minos, nada menos que había querido engañar a un dios. ¡Qué osadía!

Y él, ¿iba a triunfar allí donde tantos habían fracasado? Hércules siente cómo le invade la desesperanza. Ya ha pasado demasiado. Un inmenso cansancio lo invade, sus ojos se cierran. Atenea le concede un descanso que aprovecha para dormirse.

Al despertar, el sol ya brilla sobre el mar de las mil sonrisas. De pronto los delfines asoman fuera del agua. Juegan, saltan, se persiguen. Durante algún tiempo acompañan al navío, con gran regocijo de la tripulación y de los pasajeros para los cuales este espectáculo es como una fiesta. Hércules también sonríe, ve en todo esto un feliz presagio: triunfará en su empresa.

Pero ya una sombría mancha se perfila en el horizonte. ¡Es Creta! Los marineros se dedican con todo empeño al navío y enseguida atracan en el puerto. Hércules desciende del mismo.

«Allí esta él, sólo a algunos pasos de distancia, y es aún más impresionante que la descripción que le han hecho.»

Sin perder tiempo, un mensajero del rey Minos que le ha reconocido por la piel de león que recubre sus hombros, se dirige a él.

— El dueño de esta isla te espera. Está dichoso por tu llegada.

A partir del día siguiente a su llegada, Hércules recorre la isla a la búsqueda del toro loco. Ha rechazado la ayuda del rey Minos, al que ha informado de su triste vida. Si Hércules no se ha dado muerte después de haber matado a su familia, es porque sospechaba que su penitencia estaría a la altura de su abominable crimen.

Él solo debe realizar los trabajos impuestos por Euristeo, sin ninguna ayuda de fuera. Hércules está convencido de que llevará a cabo este trabajo del toro con sus manos desnudas, aunque escupa fuego por sus narices según lo que Minos le ha dicho.

No existe ningún problema en encontrar al animal, su paso no es discreto en modo alguno. Campos devastados, cosechas destrozadas, árboles arrancados de cuajo son otras tantas pistas que le llevan rápidamente a él. Hércules sopesa la situación con rapidez. Es en aquella llanura cercana en la que se enfrentará con más posibilidades al animal. Oye sus mugidos al mismo tiempo que siente cómo tiembla el suelo bajo sus temblorosas pezuñas y repentinamente, entre una nube de polvo, el peligro se le aparece con toda claridad. Sin duda alguna el animal es terrorífico. No le queda otra solución que correr hasta llegar a la llanura. Una vez allí no tiene otra oportunidad que enfrentarse cara a cara con su adversario. Allí esta él, sólo a algunos pasos de distancia, y es aún más impresionante que la descripción que le han hecho. Sus ojos lanzan destellos, anunciando un combate sin cuartel. Pero Hércules, curtido en tantas pruebas, sostiene su mirada. El toro, irritado, baja la cabeza amenazando con los cuernos, y escarba el suelo anunciando un arranque inmediato. Hércules no puede hacer frente a una fuerza semejante.

Para vencer, será necesario agotar al animal.

¿Qué ventajas tiene sobre él? Una vista más aguda y una mayor ligereza de movimientos. Mediante voces y movimientos de brazos, Hércules le excita, obligándole a realizar múltiples idas y vueltas, desde un extremo al otro de la llanura. El monstruo gruñe, sus ijares echan humo y de sus belfos brotan de vez en cuando lenguas de fuego. El sol calienta la roja tierra. El mismo Hércules chorrea sudor. Sus sienes palpitan, su corazón late con violencia, su respiración se hace entrecortada. Pero su determinación está firme. Comienza a observar que la carrera del animal se hace algo más lenta. Sus patas delanteras flaquean por momentos. ¡Ha llegado la hora! Hércules salta sobre él y se aferra a sus cuernos. El animal resopla ante el asalto pero continúa firme.

Logra montar a horcajadas sobre la bestia y se encuentra encaramado sobre su cuello. Con sus potentes muslos aprieta los flancos de su montura. Después, haciendo acopio de todas sus fuerzas con los brazos, empuja hacia atrás la cabeza y los cuernos del animal obligándole a encabritarse. Las patas traseras del animal se doblan, hundiéndose bajo el peso y con un último y terrorífico mugido, el toro cae sobre un lado entre una nube de polvo.

El toro de Minos ha encontrado un dueño: al fin ha sido amaestrado.

¿Cómo llegó Hercules a Tirinto?

Nada más fácil: se aproximó a la orilla del mar y realizó toda la travesía a lomos de esta fabulosa montura. Una vez más, Hércules salía triunfante de una prueba que Euristeo había juzgado imposible.

Juegos

— IX —

El toro de Minos

1 Charadas

La primera siempre es mía...
...y la segunda, de nosotros
Mi total es el nombre de un rey.

Respuesta: ....

Mi primera está al borde de un pozo.
Mi segunda son casi seis.
Mi tercera siempre es un clan.
Mi total es el nombre de un dios.

Respuesta: ....

2 ¿Quién soy?

Signos del zodiaco

Los griegos tenían dividido el cielo en doce partes. Cada una contenía una constelación que recordaba la forma de un objeto o de un animal: una a un toro, otra a un león, etcétera.

Encuentra el signo del zodiaco al que hacen alusión las siguientes frases.

Relación de signos del zodiaco:

Aries - Tauro - Géminis - Cáncer - Leo - Virgo - Libra - Escorpio - Sagitario - Capricornio - Acuario - Piscis

a El hijo de Alcmena lo asfixió en el bosque de Nemea.

Respuesta: ....

b Estos gemelos nacieron cada uno de ellos de un huevo puesto por Leda.

Respuesta: ....

c Se encuentra al lado del trono de Zeus y simboliza la justicia.

Respuesta: ....

d Con frecuencia Zeus tomó la forma de este animal con cuernos.

Respuesta: ....

e Hera envió a este animal para que mordiese el pie de Hércules mientras luchaba con la hidra de Lerna.

Respuesta: ....

f Poseidón, el dios del mar, los envió en busca de su esposa, Anfitrite.

Respuesta: ....

g Es un animal fabuloso con busto de hombre y cuerpo de caballo.

Respuesta: ....

h Jasón y los Argonautas robaron su vellocino de oro.

Respuesta: ....

i Soy una mujer pura.

Respuesta: ....

j Bajo las órdenes de Artemisa, picó con su cola venenosa el talón de Orión.

Respuesta: ....

k Es la cabra Amaltea, la que amamantó a Zeus.

Respuesta: ....

l Ganímedes fue educado por Zeus. Llegó a ser el copero de la mesa de los dioses y vertía en sus copas renombrados néctares.

Respuesta: ....

¿Por qué Hércules –que es un experimentado marino– temía al dios Poseidón, hermano de Zeus? ¿Lo sabes?

Ficha de identidad

Poseidón

Retrato

Con frecuencia se le representa desnudo, con larga barba. En la mano sujeta un tridente. Su carro está tirado por caballos marinos o por delfines.

Características particulares

Pendenciero. Es temido tanto por los hombres como por las divinidades a causa de su impetuosidad y de su fuerza. Se transforma con frecuencia cuando tiene aventuras galantes (toro, río, carnero, caballo, pájaro...).

Nacido de:
Crono y Rea.

Hermano de:
Zeus, Hades, Hera....

Esposo de:
Anfítrite.

Padre de:
Tritón, de las Ninfas marinas y de los Cíclopes.
De numerosos hijos ilegítimos, entre ellos Pegaso, al que tuvo con Medusa.

Profesión:
Dios del Mar, de las Islas y de las Costas.

Dirección:
Posee un palacio en el fondo de los mares, pero está muy a menudo en el Olimpo.

Animal:
El caballo.

Equivalente romano:
Neptuno.

Documentación

— IX —

El Minotauro, Dédalo y el hilo de Ariadna

Minos tenía un hijo, Androgeo. Este último había viajado de Creta a Atenas para tomar parte en los juegos que había organizado el rey Egeo. Dado que Androgeo ganaba todas las pruebas, Egeo le enfrentó a un toro tan espantoso que acabó con la vida del joven.

Como venganza, su padre Minos sitió Atenas: la peste se desencadenó sobre la ciudad, que tuvo que rendirse. Entonces Minos impuso sus condiciones: todos los años, los atenienses le debían entregar varios jóvenes, varones y hembras.

¿Qué hacía Minos con ellos? Nada menos que entregarles como pasto a un monstruo, el Minotauro. Éste tenía un cuerpo humano gigantesco con una cabeza de toro. Era tan feroz y temible que Minos lo tenía encerrado en un laberinto ideado por el arquitecto Dédalo. En esta maraña inextricable de largos corredores esperaban los pobres prisioneros ser devorados. Ninguna esperanza de poder huir, ninguna esperanza de escapar de la muerte. Hasta el día en que el hijo de Egeo, Teseo, decidió embarcarse junto con aquellos que la suerte había designado. La hija de Minos, Ariadna, en cuanto vio a Teseo, quedó enamorada de lo valiente y decidido que le pareció el joven. Entendió que saldría victorioso en la lucha con el Minotauro, pero ¿cómo conseguiría salir del laberinto? Sin pérdida de tiempo se dirigió a casa de Dédalo para que le entregase los planos. Éste prefirió darle un ovillo de hilo. Bastaría con que Ariadna lo sujetase por un extremo y entregase a Teseo el ovillo, que se iría devanando a medida que se introdujera en el laberinto. Una vez muerto el Minotauro, sería suficiente seguir el hilo para encontrar la salida. Todo ocurrió tal como el ingenioso Dédalo había previsto. Ahora comprenderás mejor por qué recibe el nombre de «dédalo» un sitio donde se corre el peligro de perderse...

— X —

Octavo trabajo

Las yeguas de Diomedes

—PUESTO QUE HÉRCULES ha conseguido domesticar el toro de Minos, ¡que capture ahora las yeguas salvajes del rey de Tracia, Diomedes!

Esta fue la orden que Euristeo dió para el octavo de los trabajos. Estas yeguas no eran unas yeguas ordinarias. En lugar de alimentarse apaciblemente de hierba, de heno o de avena, se mantenían... ¡a base de carne humana! ¡Yeguas carnívoras! Aún peor, ¡antropófagas! Y éstas son las terroríficas yeguas que Hércules debe conducir a Tirinto. ¿Cómo se las va a arreglar?

En primer lugar, se hace a la mar y desembarca en la lejana Tracia. Está enterado de que los habitantes de este país son crueles y que arman camorra con el más pequeño pretexto.

Por este motivo toma precauciones y en cuanto desembarca se envuelve en una túnica que lo cubre de pies a cabeza. Camina con la cabeza baja, y teniendo mucho cuidado de no enfrentarse con nadie.

Por fin llega a la ciudad de Tirida, donde se hallan las cuadras en las que están encerradas las feroces bestias. Como si le estuviesen esperando, los mozos de las cuadras estaban en las puertas. Escondido bajo su enorme túnica, que no ha abandonado desde su llegada a Tracia, aprieta contra sí la valiosa maza y llega a las puertas.

— ¡Detente, buen hombre, o de lo contrario servirás de cena a las yeguas de Diomedes! –le ordena uno de los mozos...

— Y dada tu corpulencia, para ellas sería un festín...

El segundo mozo no tiene tiempo de acabar la frase. Hércules se deshace de su capuchón y con la maza golpea a ambos. Ninguno de los dos tiene tiempo de reaccionar. Y ahí se encuentran los dos de narices en el suelo. Rápido, el camino que conduce al recinto está expedito. Abre las puertas y aterrorizado por lo que ve da un paso atrás: ¡estos espantosos animales están tranquilamente ocupados en devorar cadáveres humanos! Hércules se muerde los puños para no gritar ante la repugnancia que le produce. Pero al horror le sucede la cólera. Exasperado por la ira, salta dentro del recinto armado siempre con su maza. Las yeguas, con sus fauces repletas de brazos y piernas, apenas tienen tiempo de volverse cuando ya reciben los mazazos que Hércules les propina.

Unos curiosos han visto a Hércules golpear a los mozos de cuadra y cómo entraba en las caballerizas. A toda prisa, corren para avisar al rey Diomedes. Entretanto Hércules, está ocupado en soltar las pesadas cadenas que sujetan a las yeguas y no sospecha nada. Un grito muy próximo le obliga a levantar la cabeza; es Diomedes que acude lleno de furia y ve a sus magníficas yeguas por tierra, acogotadas como vacas vulgares que se llevan al matadero.

— ¡No sabes que esas yeguas me pertenecen a mí, a Diomedes, el rey de Tracia!

— Lo sé –responde con toda tranquilidad Hércules, mientras continúa su tarea

— Extranjero, me estás provocando. ¡Veremos quién de los dos dice la última palabra!

La espada que Diomedes saca de su vaina brilla, lo mismo que sus ojos. Un rictus amenazador deforma su boca. Es un ducho luchador que nunca ha conocido la derrota. Se arroja sobre Hércules que tiene el tiempo justo de echarse a un lado. Ahora es a Hércules al que le toca enarbolar su maza y asestar un violento golpe sobre uno de los pesebres de bronce. Los mazazos y los golpes de espada se suceden. Los dos combatientes no cesan de golpearse, sin que por el momento haya un vencedor. El sol ya cae sobre el horizonte mientras que el duro combate continúa. Las yeguas van volviendo en sí poco a poco. Se levantan sobre sus patas sin mucha seguridad. En ese momento, Diomedes disminuye su vigilancia. Sin duda el cansancio y al mismo tiempo, la distracción que supone la alegría de saber que sus yeguas están vivas, son fatales para él; la enorme maza cae sobre el brazo que sostiene la espada. Ante el dolor que siente suelta la espada. Rápido como el rayo, Hércules agarra a Diomedes y lo arroja al pesebre de los animales más cercano. El olor de la carne humana fresca acaba por despertarlos del todo y, antes de que Diomedes tenga tiempo de hacer el menor gesto, las bestias se lanzan sobre él y lo devoran vivo.

Hércules toma entonces el carro del rey y lo acerca a los monstruosos animales ahora ya saciados. Mientras acaricia sus crines los unce al carro. Dóciles las yeguas se dejan manejar. Incluso una de ellas adelanta su cabeza hacia el pecho de Hércules, como pidiendo una caricia. Ahora, ya completamente tranquilo, Hércules monta en el carro y haciendo restallar su látigo exclama:

— ¡En ruta a Tirinto, mis bellezas!

Durante todo este tiempo una muchedumbre de hombres se ha agolpado ante las puertas de las caballerizas. Están exaltados, y amenazan con gestos y palabras al extranjero que ha tenido la osadía de matar a dos de ellos además de penetrar en los establos reales.

— Sin duda que nuestro rey le va a sacudir a base de bien.

«La espada que Diomedes saca de su vaina brilla, lo mismo que sus ojos.»

— ¡Esta es una comida que ni caída del cielo para las yeguas!

— ¿Lo conocéis?

— Unos marineros pretenden que se trata de Hércules...

Unos pocos, pronto seguidos por otros cada vez más numerosos, lanzan piedras contra el edificio. De pronto, sus gestos se quedan como petrificados al oír los relinchos de las yeguas y el estruendo de sus pezuñas contra la pesada puerta de madera que se abre dejando paso al soberbio tiro de caballos de Diomedes. En el carro, Hércules sujeta con una mano firme las riendas mientras que en la otra muestra de manera ostensible su maza. Las yeguas brincan impacientes. Hércules mira fijamente a todos los curiosos y todos comprenden, al ver su mirada, que no dejará que ninguno se cruce en su camino. Y los animales se abren paso entre la muchedumbre, silenciosa, inmóvil, pero hostil. Así termina el octavo trabajo de Hércules.

¿Qué pasó con las yeguas de Diomedes?

A partir del día en que Hércules las domesticó, como nunca habían conocido ni las bridas ni el bocado, se amansaron y obedecieron con docilidad. También Hércules consiguió que perdieran el gusto por la carne humana.

Cuando, algo más tarde, Euristeo las vio en sus cuadras, estaban tranquilamente paciendo hierba y heno.

Juegos

— X —

Las yeguas de Diomedes

1 Vocabulario

Cada animal emite su sonido. Mediante la ayuda de la siguiente relación, pon a cada uno su verbo.

Lista: mugido - bufido - bramido - aullido - graznido - rugido - relincho - berrido - balido - gruñido

La yegua r ....

La cierva b ....

(para el corzo se utiliza el mismo verbo)

El carnero b ....

(para el camello se utiliza el mismo verbo)

El buey m .... O también b ....

El toro b ....

El jabalí g ....

El león r ....

El lobo a ....

El cuervo g ....

2 Prueba de lectura

¿Has leído con atención? Señala las respuestas correctas.

A – Capturar las yeguas de Diomedes es:

[a] el séptimo trabajo de Hércules. [b] el octavo. [c] el noveno.

B – Los habitantes de Tracia son:

a acogedores. b curiosos. c pendencieros.

C – Las yeguas de Diomedes son:

a inteligentes. b antropófagas. c infieles.

D – Hércules se enfrenta a Diomedes con:

a su maza. b su espada. c su puñal.

3 ¿Quién soy?

Si respondes a las siguientes adivinanzas, aprenderás palabras propias del lenguaje culto (ver página 99). Y tú también lo serás más.

A – Soy un verbo de la primera conjugación.

Cuando dos no están de acuerdo
las disputas son normales,
y disputar es el verbo.
Pero sinónimo soy
en versión más elegante.
¡Me utilizan los juzgados!

¿Quién soy? ***Respuesta:*** q...

B – Soy un nombre común y masculino.

Una sonrisa no soy,
casi más soy una mueca,
pues yo deformo la boca,
ya que en la cara estoy
de los seres más crueles
y asesinos los más viles.

¿Quién soy? ***Respuesta:*** r...

C – Soy un verbo de la primera conjugación.

Yo quiero decir pedir,
y si alguien algo me da
contento me puedo ir
aunque con mucha humildad.

¿Quién soy? **Respuesta:** m...

4 Completar

Etimología

Hemos visto que la terminación de origen griego *-fago* significa «comer» (juegos VII). El idioma español ha tomado numerosas palabras de la lengua clásica griega.

Pero, ¿sabías que el 80% del léxico español procede del latín? En efecto, los romanos conquistaron Hispania y poco a poco sus habitantes hablaron su lengua. La transformaron de tal manera que llegó a ser otra lengua distinta, la española.

En la palabra *carnívoro,* que significa «el que come carne», aparece la terminación de origen latino *-voro* (= comer).

Valiéndote de la siguiente relación, encuentra las palabras que corresponden a las definiciones indicadas.

Relación de términos latinos:

- omni- : todo
- pisci- : pescado
- herbi- : hierba
- insecti- : insecto
- frugi- : fruto
- grani- : grano

El que se alimenta de granos: ....

El que se alimenta de insectos: ....

El que se alimenta de pescado: ....

El que come de todo: ....

El que se alimenta de hierbas: ....

El que se alimenta de frutos: ....

Documentación

— X —

Faetón, hijo de Helio

Esta es la historia de Faetón, hijo de Helio, dios del Sol.

Clímene, madre de Faetón, le comunicó que Helio era su padre. Orgulloso de tener tal padre, corrió Faetón a anunciar tan grata noticia a su amigos. Por desgracia, nadie quiso creerlo. Dada la situación, Faetón decidió ir él mismo a preguntárselo a Helio.

El dios le confirma que, efectivamente, él es su padre.

— Para mostrarte que es cierto, pídeme lo que quieras, Faetón. ¡Juro por el Estigio que te lo concederé!

— Padre, déjame conducir tu carro, el que ilumina el mundo, te lo suplico. ¡Solamente durante un día!

Después del juramento que había hecho, Helio no podía echarse atrás. Pero explica a su fogoso hijo que corre peligro de muerte: sus caballos alados solamente le obedecen a él. Sin embargo, Faetón insiste. ¡Está bien!

Ya está Faetón en el carro, con las riendas en la mano. Los caballos brincan. Faetón se siente embriagado: imagina el carro atravesando las blancas nubes a un ritmo frenético, subiendo, ¡siempre subiendo más alto! Pronto los caballos notan que no es Helio quien los conduce y abandonan la ruta habitual: tan pronto van a la derecha como a la izquierda, se precipitan sobre la tierra como la evitan en el último momento, y ascienden hasta el firmamento con peligro de abrasarse.

En la tierra los hombres están enloquecidos por el pánico. Después de haber visto una bola de fuego incendiar campos y bosques, tiritan de frío al desaparecer el sol del cielo. La diosa Tierra grita. Zeus la oye y da muerte al conductor del carro.

Así acabó el pobre Faetón...

Jurar por el Estigio

El Estigio es uno de los principales ríos de los Infiernos. Anteriormente era el nombre de una ninfa, hija de Océano y Tetis. Fue la primera en acudir en ayuda de Zeus en su lucha contra los Titanes. El rey de los dioses quiso agradecerle su presteza: sería a partir de ese momento la garantía sagrada de la promesa de los dioses.

Cuando un dios juraba pór el Estigio, debía cumplir lo que había prometido, de lo contrario se exponía a los castigos de Zeus. Por ese motivo Helio no puede echarse atrás aun sabiendo que, si cumple su promesa, pone en peligro la vida de su hijo.

Caronte, el guardián de los Infiernos

Se encontraba a orillas del río Estigio y estaba encargado de que, quienes morían, lo atravesasen –también atravesaban otro río, el Aqueronte– en una barca estrecha y negra. Para poder embarcar, las almas de los muertos le debían entregar entre uno y tres óbolos. Por eso los griegos colocaban en la boca de los difuntos las monedas necesarias para realizar esta travesía sin retorno.

— XI —

Noveno trabajo

El cinturón de Hipólita

—¡ADMETE, lo que me pides es completamente imposible!

— Entonces, ¿de qué sirve que seas rey de Tirinto si no puedes proporcionarme lo que quiero? –responde caprichosa Admete, la hija de Euristeo.

— Pídeme lo que quieras, ¡menos el cinturón de la reina de las amazonas!

— Entonces no quiero nada –responde Admete de mala manera.

— No seas niña. Además, nadie conoce exactamente dónde viven las amazonas. Y de sobra sabes que ningún hombre querría ir allí.

— ¡Ya, ya veo el valor de los hombres! ¡Tener miedo de unas mujeres cubiertas con pieles de animales! –se burla con sarcasmo Admete.

— Sabes muy bien que están a la altura de nuestros mejores guerreros, según se dice, y que además pelean a caballo. No te burles, Admete. Me han dicho que rompen los brazos y piernas de todos los niños varones. ¿Y sabes por qué? Para que no puedan luchar. De este modo, mientras ellas van al combate, los hombres se encargan ¡de las tareas del hogar! Nadie ha logrado derrotarlas todavía.

— Querido padre, también se dice que ese cinturón es de oro. Ha sido el propio Ares quien se lo regaló a Hipólita, la reina de las amazonas –continúa Admete en tono mimoso.

Euristeo se siente incómodo. Quiere mucho a su hija. Nada es demasiado para ella, pero esta vez no, no puede darle lo que pide. Ni hablar de ir hasta allí, a esas tierras salvajes y desconocidas. Y aun cuando consiguiese ir, no se ve pidiéndole a Hipólita ¡su cinturón!

— Hipólita, mi hija quiere tu cinturón. Dámelo por favor.

Es una tarea insensata, imposible de llevar a cabo... A menos que...

— ¡Hércules, sin duda!

— ¿Qué dices, padre?

— ¡Hija mía, tendrás el cinturón!

Hércules no reacciona cuando oye del mensajero el nuevo trabajo que debe llevar a cabo: Euristeo ha pedido a Hércules que le traiga el cinturón de la reina de las amazonas.

En primer lugar, debe localizar el territorio de esas mujeres guerreras. De nuevo, a base de preguntar e indagar, al cabo de algunos días llega a una conclusión: debe ponerse en camino hacia el oriente para después ir hacia el norte.

Así pues, Hércules se embarca de nuevo. Pasa sin problemas el estrecho que separa Frigia de Tracia. Hace escala en los puertos de Bitinia y enfila su navío hacia el Bósforo. Una vez allí debe esperar vientos favorables. Al notar estremecerse las velas con un ligero viento del sur, atraviesa, con prudencia, este largo estrecho que le abre las puertas hacia lo desconocido.

Los vientos son tranquilos y favorables, como si las aguas sobre las que ahora Hércules navega fueran de otra naturaleza, distintas a las aguas de los mares griegos siempre dispuestas a las tormentas. Hércules quiere celebrar la tranquilidad de las aguas y denomina a este mar «Ponto Euxino» que en griego quiere decir «mar hospitalario». Durante esta tranquila travesía, que le acerca al país de las amazonas, Hércules piensa en esas mujeres contra las que quizá tenga que combatir. También está enterado de que son feroces y hábiles luchadoras. Se dice que manejan inmejorablemente los arcos y las flechas, sus armas predilectas. También se dice que recorren las vastas tierras que se extienden desde las orillas septentrionales del «Ponto Euxino» hasta los mares helados.

Llegado al final del viaje, en la desembocadura del río Termodonte, Hércules echa el ancla en el puerto de Temiscira. No ha tenido tiempo todavía de descender del navío para aprovisionarse de agua dulce, cuando se encuentra rodeado de jóvenes amazonas a caballo, surgidas de no se sabe dónde. Sus cascos, sus vestimentas y sus cinturones están hechos de pieles de animales salvajes. Se acercan hasta Hércules que nota el aliento húmedo de sus caballos en su pecho.

— Extranjero, ¿no sabes que es peligroso acercarse hasta estos lugares?

— ¿Quién te envía y con qué motivo?

— Euristeo, rey de Tirinto. Quiere que me entreviste con vuestra reina, Hipólita.

— ¿Vas armado?

— No, no pretendo en absoluto combatir.

— Si es así, sube a la grupa de mi caballo.

Poco tiempo después se encuentran dentro de la ciudad cuya reina es Hipólita. Antes de conducir a Hércules ante su reina, las amazonas toman la precaución de vendar los ojos a Hércules. A su alrededor Hércules escucha exclamaciones y palabras de asombro. De pronto se hace el silencio. Le aprietan el brazo para indicarle que se detenga. Le quitan la venda de los ojos. Delante de él se encuentra una magnífica mujer sobre un trono recubierto de pieles de animales salvajes. Hércules duda entre avanzar, retroceder o arrodillarse ante la reina. Nuestro héroe, vencedor de tantos monstruos, se siente confuso. Verdaderamente está más a gusto entre la rudeza del combate

«Extranjero, ¿no sabes que es peligroso acercarse hasta estos lugares?»

que en una conversación civilizada con una mujer, ¡aunque se trate de una temible guerrera!

Hipólita sonríe ante tanta torpeza, al mismo tiempo que observa a Hércules. ¿Queda seducida por su potente musculatura? Se diría que sí.

— ¿Qué quieres decirme?

— Pues... verás, yo... Euristeo... quiero decir su hija, Admete, ...quiere.... o mejor desearía que tú... que tú.... le regalaras tu cinturón.

Estas últimas palabras han sido dichas muy deprisa, casi como un soplo, ya que Hércules es consciente de lo extravagante de su petición. Con la mirada baja, espera. Hipólita lleva siempre puesto el famoso cinturón, regalo de Ares en homenaje a sus cualidades guerreras.

— Acepto. Pero es a ti, Hércules, a quien se lo regalo.

Sin pensar en las razones de esta concesión, Hércules le da las gracias y se dirige sin pérdida de tiempo al puerto.

En ese momento Hera interviene. Desde lo alto del Olimpo ha visto la facilidad con la que Hércules ha realizado el noveno de sus trabajos y está fuera de sí. Con la rapidez del rayo, se disfraza de amazona y se mezcla entre la muchedumbre.

Pero, ¿qué es lo que murmura al oído de una de sus compañeras? Después lo repite a otra y a otra más. En todos los rostros se puede observar la cólera y las manos van en busca del carcaj y las flechas. Todo es tan evidente que Hipólita exige una explicación ante el nerviosismo de sus mujeres.

— ¡Oh reina!, Hércules te ha engañado. Poco le importa tu cinturón. Es a ti a la que quiere llevarse. Es a ti a la que quiere entregar a los hombres de su país, para, de este modo, por medio de ti, ¡humillar a toda nuestra raza!

— ¡Apresémoslo! ¡Venguémonos de este traidor!

— ¡Sí, matémoslo!

Les ha faltado tiempo a las amazonas para montar sobre sus caballos y salir a galope hacia el puerto para capturar a Hércules. Al oír el ruido de un ejército en marcha a sus espaldas, Hércules no entiende por qué las amazonas le persiguen. Al frente de las temibles guerreras reconoce a Hipólita. Su cara ya no tiene la dulzura que tanto le había gustado durante la entrevista. Hipólita, jefa guerrera, ahora lo que quiere es la muerte de aquél que ha osado raptarla, a ella, a Hipólita. ¿La confunde con una joven doncella sin defensas?

Hércules se siente traicionado y lo mismo le sucede a Hipólita. A una señal de su soberana, las amazonas descabalgan. En las manos sostienen el arco y las flechas. Sus rostros expresan una feroz determinación. Al ver a Hipólita y a Hércules, se comprueba que su encarnizamiento en el combate es muy similar: uno de los dos debe morir... Hércules golpea a la vez delante y detrás, sin descanso, con su maza en una mano y la espada en la otra, aún sigue peleando cuando el sol desaparece en el horizonte.

¿Qué decir de esta sangrienta batalla sino que Hércules sale vencedor? Ha matado sucesivamente a Hipólita y a todas las amazonas que han participado en el combate. Una vez muertas las jefas, las demás han huido.

A Hércules no le queda sino hacerse a la mar, en posesión del preciado cinturón. Está cansado. ¡Ojalá que los dioses le concedan un viaje favorable!

Juegos

— XI —

El cinturón de Hipólita

1 Charadas

La primera está en el centro de Álava.
Con la segunda empiezas un mapa.
Con la tercera terminas un trazo.
Y con la cuarta acabarás diciendo pamplinas.
Al unirnos formamos un pueblo guerrero.

Respuesta: ....

Las dos primeras sólo se me quitan con un susto.
La tercera es medio libro.
La cuarta es media tarta.
Mi total es el nombre de una reina.

Respuesta: ....

Las dos primeras te las da un termómetro...
...y las dos últimas un mastodonte.
Al juntarlas, tendrás el río en cuya desembocadura Hércules echó el ancla.

Respuesta: ....

Con mi primera bostezo.
La segunda me deja medio fofo.
Y con la tercera termino raro.
En conjunto, soy un estrecho que atravesó Hércules.

Respuesta: ....

2 ¿Verdadero o falso?

¿Has leído con atención? Señala las respuestas correctas.

a - La hija de Euristeo se llama Armelia. .... V F

b - Mientras que las amazonas combaten, los hombres se dedican a las tareas del hogar. .... V F

c - Fue Hermes el que regaló el cinturón a Hipólita. .... V F

d - Hércules debe encaminarse hacia occidente para encontrar a las amazonas. .... V F

e - «Ponto Euxino» es un mar con muchas tempestades. .... V F

f - «Ponto Euxino» quiere decir «mar hospitalario». .... V F

g - Al final, Hera se disfraza de amazona. .... V F

h - Una vez muertas Hipólita y sus guerreras, las amazonas supervivientes huyen ante Hércules. .... V F

Documentación

— XI —

Las amazonas, feroces guerreras

Las amazonas eran hijas de la ninfa Armonía, enamorada de la paz, y del dios de la guerra Ares. Como hemos visto en este capítulo, se parecían más a su padre que a su madre. Eran conocidas como las «amazonas guerreras, enemigas de los hombres».

Una vez al año se unían con los extranjeros para tener hijos. Entre los niños varones que nacían, a unos les daban muerte, a otros los mutilaban. De este modo se convertían en sus criados y los dedicaban a las labores caseras.

En cuanto a las niñas, les cortaban el pecho derecho para que pudiesen manejar el arco con más facilidad.

Solamente se les conocían dos pasiones: la guerra y la caza. Esta última y el pillaje eran sus medios de vida. En el transcurso de sus expediciones guerreras, llevaban con ellas un arco, un carcaj repleto de flechas o de jabalinas, un hacha y un enorme escudo en forma de media luna. También lucían un casco adornado de plumas más o menos brillantes.

Dios de la Guerra, Ares tiene una enemiga acérrima. ¿Sabes quién es? ¿Sabes si ella ayuda a Hércules en sus combates?

Retrato

Desnudo o con traje de guerra, va armado con un casco, una lanza y un escudo. Su escudo y su lanza han llegado a convertirse en el símbolo sexual masculino.

Características particulares

Su poderío físico solamente es superado por su furia sanguinaria. Ama la guerra en sí misma. En el campo de batalla está acompañado por Eris. Todos le odian, incluso su padre. Los conflictos le enfrentan continuamente a su enemiga acérrima, Atenea. Es muy poco sutil.

Ficha de identidad

Ares

Nacido de:
Zeus y Hera, en Tracia, país de tormentas, de caballos y de guerreros. Fue educado por Príapo.

Hermano de:
Hefesto, Hebe, Eris, diosa de la Discordia

Esposo de:
Nadie, no tiene esposa legítima. Es el amante de Afrodita, diosa del Amor, pero mantuvo numerosas relaciones. Todos sus descendientes tuvieron una suerte poco envidiable.

Padre de: Eros es su hijo más famoso, nacido de su unión con Afrodita. Fue padre igualmente de las amazonas, las mujeres guerreras.

Profesión: Dios de la Guerra y de la Muerte violenta.

Dirección: El Olimpo.

Animal: El buitre.

Santuario: No tiene dedicada ninguna ciudad en Grecia. Los romanos le veneraban algo más que los griegos, que no sentían por él especial cariño.

Día consagrado: El martes (del nombre latino Marte).

Equivalente romano: Marte.

XII

Décimo trabajo

Los bueyes de Geríones

Euristeo recorre su palacio con aire melancólico. Se encuentra pobre de ideas. ¿Qué trabajo puede encargar a Hércules? La víspera había llegado a Tirinto para entregarle el cinturón de las amazonas. ¡Ni ellas mismas habían conseguido deshacerse de él! Furioso, había pensado incluso estrangularle con este famoso cinturón. Pero era demasiado arriesgado. ¿Qué hacer pues? Ya no queda ningún monstruo que exterminar en su reino, ni uno solo... Ciertamente, Euristeo ya no sabe a qué recurrir. Cansado de tanto darle vueltas, se tumba sobre su lecho y no tarda en quedarse dormido. Entonces tiene un sueño....

Camina por una pradera de hierba verde y alta. ¿Qué son esas manchas color púrpura que se destacan sobre los pastos? Se encuentra con un pastor y le pregunta.

— ¿Qué son esas manchas?

— No hay duda que te refieres a los bueyes de Geríones, mi amo.

— ¿Geríones, el rey de los tartesios, el que se dice que es el más fuerte de la tierra?

— Eso es...

Unos furiosos ladridos no le dejan continuar. Se vuelve y Euristeo no puede creer lo que están viendo sus ojos. Ante él se encuentra un perro de dos cabezas demoníacas y con unas mandíbulas guarnecidas de sólidos colmillos.

Euristeo en su sueño se estremece. Su sueño se vuelve una pesadilla. Quiere despertarse, pero no puede levantar los párpados. Allí está Hera vigilante. Seguro que es ella la que ha dormido a Euristeo.

—Tranquilo, Ortro. Sé bueno, sé bueno –le dice el pastor.

— Con semejante perro guardián, no hay peligro de que te roben los animales que cuidas, exclama Euristeo, que prudentemente se protege detrás del pastor.

— ¡Desde luego que no! Nadie ha tenido jamás la osadía de intentarlo y ...

Bruscamente el sueño de Euristeo se interrumpe.

— ¿Qué, qué pasa? –pregunta el rey aún medio dormido.

— Hércules está al pie de la muralla, en espera de lo que debe hacer.

Después del sueño, ya sabe Euristeo lo que debe encargar a Hércules.

— Dile que se dirija a los confines del mundo, al lejano Occidente, en Eritia. Allá abajo es donde pacen los bueyes de color púrpura. Que me traiga todo el rebaño para que se lo pueda ofrecer como sacrificio a la noble Hera.

Y de nuevo ahí tenemos a Hércules embarcándose una vez más por esos mares caprichosos. Pero esta vez es hacia poniente adonde dirige la proa su navío. Durante varios días y varias noches, navega hacia el lugar donde Helio, el dios del Sol, conduce todas las tardes el carro del Sol, donde al llegar la noche descansa en lo más profundo de las hospitalarias bahías.

Algunos cuentan que no se embarcó a bordo de un navío ordinario, sino que esta travesía la realizó en una copa de oro, regalo de Helio. Fuese lo que fuese, una vez desembarcó en Eritia se puso a buscar el rebaño. No lo hizo durante mucho tiempo ya que el color de los bueyes era visible desde lejos. Armado únicamente de su maza,

Hércules se aproxima al lugar donde pacen los animales de color rojo. Pronto el perro se lanza, dispuesto a clavar sus colmillos en las pantorrillas de todo aquel que pone en peligro el bien de cuya custodia es responsable. Que el imprudente esta vez sea Hércules no le importa mucho a Ortro. Sólo cambia su forma de pensar cuando recibe un mazazo, que le pone para siempre fuera de combate. Euritión, al no oír a su perro, sale fuera de su cabaña y lo ve inmóvil, con las fauces abiertas. Ni tiempo tiene de levantar la cabeza. ¡Zas!, también él cae a tierra, habiendo probado la maza de Hércules con el mismo resultado. Hércules no se da cuenta de que otro pastor, que también está apacentando sus ganados en una colina vecina, ha visto todo y, en efecto, rápidamente se dirige a informar a Geríones ante el temor de correr la misma suerte.

— ¿Qué dices? Lo has soñado, no puedo creerlo.

— ¡Juro por el Estigio que te estoy diciendo la verdad!

— ¿Quién se ha atrevido a dar muerte a mis dos fieles guardianes? –exclama Geríones, con voz atronadora.

— Yo.. yo... no lo sé, pero ten cuidado de su maza –farfulla el pobre pastor aterrado.

— ¡No sigas, miserable! ¿Has olvidado que yo soy Geríones, el hombre más fuerte del mundo? ¿Acaso piensas que si tengo tres torsos y seis manos es para salir huyendo del primero que llegue? Condúceme hasta allí.

Hércules, a voces y con aspavientos ha reunido al rebaño, al que hace marchar ante él, asombrado de la facilidad de la expedición que Euristeo le ha encomendado. ¿No ocultará todo esto alguna trampa?

— ¡Eh, buen hombre, detente y enfréntate a mí si te atreves!

¿Quién le desafía?. Hércules se vuelve y encuentra ante él un nuevo ser monstruoso. Tiene, por supuesto, cabeza, manos y tronco, pero todo multiplicado. Allí está Gerío-

«Hércules se vuelve y encuentra ante él un nuevo ser monstruoso.»

nes mirándole fijamente con sus tres cabezas. Cada una de sus seis manos va armada con un garrote y de su única cintura parten tres musculosos torsos.

— ¡Morirás de la misma manera que has matado a mi pastor y a su perro! –prorrumpe Geríones.

— De acuerdo, pero antes de morir, quisiera saber quién eres tú.

— Has de saber que soy Geríones, rey de los tartesios.

Mientras intercambiaban estas palabras Hércules ha podido hacerse con su maza. Los dos hombres se encuentran cara a cara y no dejan de observarse. De pronto, Geríones levanta sus garrotes y los deja caer con una rapidez sorprendente. Hércules sólo tiene tiempo de echarse para atrás. ¡Qué lástima que no tenga su arco! Hubiera podido atacar a Geríones de lado y con una sola flecha habría atravesado sus tres torsos. Geríones ataca de nuevo, y nuevo fracaso. Con rapidez Hércules golpea con todas sus fuerzas. Pero si antes un único mazazo había servido para dejar fuera de combate al pastor y a su perro, ahora debe golpear tres veces a Geríones, ¡pues son tres sus cabezas! Los tres cráneos se abren como cáscaras de nuez, sus cerebros se salen y se esparcen sobre la verde hierba.

Ya puede Hércules regresar a Tirinto. ¡Pero el viaje no deja de tener problemas! Después de haber conducido el rebaño a través de Hispania y de la Galia, se enfrenta a los Alpes, no sin enormes dificultades, al confundirse de camino.

Cierta tarde, está Hércules descansando en un prado donde su rebaño pace sin vigilancia. No lejos de allí vive, en una cueva, un salteador llamado Caco, nacido de la unión de Hefesto y Medusa. Se trata de un ser repelente, no sólo por sus tres bocas que escupen fuego, sino también por su crueldad. Las paredes de su cueva están recubiertas de cráneos y brazos humanos crucificados. Al despertarse Caco a causa de los mugidos de los bueyes púrpura, sale de su cueva. ¡Qué ganga tiene delante! Se acerca y observa a Hécules dormido en medio del rebaño.

El hombre tiene un aspecto demasiado majestuoso como para arriesgarse a atacarle. Coge por la cola a cuatro animales y tira de ellos obligándolos a caminar hacia atrás.

Hércules se despierta con los primeros rayos de sol y se dispone a partir cuando se da cuenta que le faltan dos pares de bueyes. Conoce cómo es Euristeo y no quiere regresar a Tirinto sin haberlos encontrado. Explora atentamente la maleza de los alrededores sin éxito. Vuelve y reúne al resto de los animales. Qué le vamos a hacer, tendrá que inventarse alguna disculpa para engañar a Euristeo. Pero, repentinamente oye unos mugidos que provienen de la montaña. Orientado por los mismos, pronto llega a la entrada de una cueva tapada por una enorme piedra. Pero, ¡nada le arredra! Se apoya y haciendo palanca con todas sus fuerzas la roca cede y con un ensordecedor estruendo gira dejando libre la entrada. Caco, sorprendido, escupe cuanto fuego puede y pronto todo el habitáculo se llena de humo. Pero nada detiene a nuestro héroe. Entra y divisa a Caco. Con sus potentes brazos lo levanta y lo estrangula sin darle tiempo, al salteador, de poder defenderse.

Después de muchos días de caminata y de numerosas aventuras demasiado largas para contarlas aquí, Hércules llega por fin a Grecia. Furiosa Hera de que una vez más el hijo de Zeus haya salido victorioso, envía sobre el rebaño miles de tábanos. Bajo los aguijones de los insectos, los bueyes parten en todas direcciones dando coces y mugiendo.

Hércules no conseguirá atrapar a todos y Euristeo ofrecerá el resto del rebaño a Hera para calmar su cólera.

Juegos

— XII —

Los bueyes de Geriones

1 Completar

Etimología

En juegos anteriores, hemos visto que el idioma español proviene fundamentalmente del latín, lengua que hablaban los romanos en la Antigüedad. En este juego lo vas a comprobar.

Encuentra el origen de las palabras españolas utilizadas en este capítulo, uniendo cada una con la palabra latina de la que procede.

Palabras españolas	Palabras latinas
tronar •	• periculum: peligro
celeridad •	• immundus: horroroso
peligroso •	• obstruare: poner obstáculos
inmundo •	• iners: que carece de movimiento propio
fulminar •	• tonitruare: hacer un ruido de trueno
inerte •	• fulminare: lanzar un rayo
obstruir •	• celeritas: rapidez

2 Prueba de lectura

¿Has leído atentamente? Señala las respuestas que creas correctas.

A – En su sueño, Euristeo ve bueyes de color:

a negro. b rojo. c púrpura.

B – El perro del pastor tiene:

a tres cabezas. b dos cabezas. c una cabeza.

C – El carro del Sol está conducido por:

a Helios. b Ortro. c Hércules.

D – Geríones es un ser monstruoso porque tiene:

a tres cabezas y dos torsos. b tres torsos y tres cabezas.

c dos torsos y dos cabezas.

E – Hércules saldrá vencedor en el combate contra Geríones gracias a:

a su maza. b su arco. c nada más que sus manos.

F – El salteador contra el que se enfrenta Hércules se llama:

a Carco. b Coca. c Caco.

3 ¿En qué grupo?

Vocabulario

En español existen tres grupos o niveles de lenguaje:

- el **lenguaje vulgar o coloquial,** que se utiliza con los compañeros; con frecuencia es un lenguaje de poco esfuerzo y a veces incorrecto;
- el **lenguaje corriente o normativo,** que es el que tus profesores te piden que utilices en clase, tanto oral como escrito;
- el **lenguaje culto o académico,** que te encuentras en la literatura y en el que se utiliza un vocabulario muy rico y escogido.

Por ejemplo, tomemos tres palabras: curro - trabajo - labor. Las tres son sinónimos, pero «curro» es vulgar o coloquial, «trabajo» es corriente y «labor» es culta.

En cada una de las series de palabras que siguen, ¿sabrías decir a qué lenguaje pertenecen? Señala la casilla que le corresponda.

	Lenguaje vulgar/coloquial	Lenguaje corriente/normativo	Lenguaje culto
furioso			
furibundo			
cabreado			
atemorizar			
temer			
achantar			
considerar			
guipar			
mirar			
mondarse			
divertirse			
reírse			
cachete			
sopapo			
bofetada			
reprender			
abroncar			
amonestar			
importunar			
molestar			
jorobar			

Apolo es el dios del Sol. También es el símbolo de la belleza masculina. ¿Sabes lo que le distingue del dios Hades?

Ficha de identidad

Apolo

Retrato

Siempre joven y sin barba. Lleva un arco y unas flechas (los rayos solares) y una lira (la armonía de los cielos). Cabellera ondulante ceñida por una corona de laurel.

Características particulares

Cuando conduce el carro del Sol se le conoce por Febo; en la tierra y en los Infiernos se le llama Apolo. Canta y tañe la lira de forma maravillosa.

Nacido de:
Zeus y Leto, en la isla de Delos.

Hermano gemelo de:
Artemisa.

Esposo de: Nadie. Amó a la ninfa Corónide; a Dafne, que lo rechazó y se transformó en laurel; a Clitia, que, rechazada por él, se transformó en heliotropo, y a Casandra, que habiendo conseguido el don de la profecía no quiso unirse nunca a él (como castigo, Apolo la condenó a nunca ser creída).

Padre de: Asclepio, al que tuvo con Corónide, y de Faetón, nacido de Clímene.

Profesión: Dios del Sol que ilumina, de la Música y de la Poesía.

Dirección: El Olimpo, de donde Zeus lo expulsó dos veces.

Animales: El delfín y el cuervo.

Árbol: El laurel (en recuerdo de Dafne).

Lugar de sus oráculos: Delos, pero sobre todo Delfos.

Documentación

— XII —

El dios Helio y el recorrido del Sol

Para explicar que el Sol sale por el este y desaparece por el oeste, los griegos se imaginaron al dios Helio, dios del Sol. Posteriormente fue sustituido por Apolo.

Todas las mañanas, Helio abandona su extraordinario palacio en el Extremo Oriente en su carro de fuego, tirado por cuatro magníficos corceles alados, de una blancura deslumbrante, y recorre durante la mañana la bóveda celeste.

Al llegar al cénit, se detiene para descansar en su palacio dorado.

Más tarde continúa su recorrido hasta el Extremo Occidente. Por la noche sube a una barca de oro, también con su tiro de caballos, y alcanza, durante el sueño, la otra mitad de la tierra, encontrándose al amanecer de nuevo en el Extremo Oriente.

Los griegos y los romanos le llamaban también Febo o Apolo.

Medusa

Poseía Medusa una magnífica cabellera y todos los jóvenes querían casarse con ella. Enfurecida, Atenea transformó los bellos cabellos de Medusa en serpientes, y concedió a la mirada de la joven el poder de transformar en piedra todo lo que se cruzase ante sus ojos.

Únicamente Perseo logró acercarse a Medusa (valiéndose de su escudo, para no cruzar su mirada) y le dio muerte. Desde entonces reside en el reino de los muertos, donde Hércules la volverá a encontrar en el transcurso de su duodécimo trabajo; pero ¡no digamos nada! Ésa es otra historia.

— XIII —

Undécimo trabajo

El jardín de las Hespérides

YA HACE OCHO AÑOS y un mes que Hércules está al servicio de Euristeo. Ha realizado con éxito diez trabajos y espera un merecido descanso. Antes de volver a su tierra, se dirige al palacio de Euristeo para anunciarle su marcha.

— Pero, ¡cómo! ¿De verdad crees que te voy a dejar marchar cuando no has realizado nada más que ocho trabajos?

— Euristeo, estás en un error. Son diez los trabajos que he realizado y no ocho.

— Y yo insisto en que son ocho –dice el rey con rotundidad–. Dime, cuando mataste a la hidra de Lerna, ¿estabas solo?

— No, estaba conmigo mi sobrino Yolao.

— ¿Y fuiste tú en persona quién limpió los establos de Augías? Contesta. ¿Fuiste tú solo?

— Al desviar el curso de los dos ríos, yo los limpié.

— Pues está claro que sólo has realizado ocho trabajos, ya que, recuérdalo bien, te dije que fueses tú solo sin ayuda de nada ni de nadie.

— ¡Euristeo, estás bromeando! ¡Te estás burlando de mí!

— En absoluto. Te quedan dos trabajos aún por realizar –afirmó Euristeo, en un tono que no admitía contestación–. He oído decir que existe un maravilloso jardín al otro extremo del mundo, en Occidente. No hay en todo el mundo unas flores tan bellas que, además, exhalen un perfume tan suave. Y sobre todo, las manzanas que cuelgan de sus árboles son las mejores de la tierra. Me debes traer esos frutos.

— Me debería negar a obedecerte, Euristeo, ya que mi penitencia está cumplida. Desde el principio sé que deseas mi muerte y aún tienes la esperanza de lograrlo imponiéndome un nuevo trabajo. ¡Está bien! Acepto el desafío y te aseguro que volveré vivo de esta expedición.

Lo que Hércules no sabe es que esos árboles son propiedad de Hera. Y la diosa los aprecia más que nada. ¿Por qué? Porque esos frutos son de oro... Hera, muy desconfiada, ha entregado la vigilancia de ese jardín a tres ninfas, las Hespérides. Además, ha solicitado al dragón Ladón que vigile la entrada. ¡Con sus cien cabezas, no resulta fácil sortearlo!

Y una vez más Hércules se pone en camino. Pero, ¿adónde dirigirse? Euristeo le ha hablado del extremo occidental del mundo. Luego este jardín estaría situado al oeste, allí donde los caballos que tiran del carro del Sol terminan su recorrido diario. Sin embargo, Hércules desconfía. ¿Y si fuese una trampa? Durante los días que siguen, pregunta a todos aquellos que encuentra. Le indican los lugares más variados, pero sin embargo todos están de acuerdo en algo: el dios marino Nereo lo debe saber, ya que él tiene el poder de predecir el futuro.

Cuando Hércules llega al lugar donde habita Nereo, es recibido por sus cincuenta hijas, las Nereidas. Algunas montadas sobre delfines o también sobre caballos marinos. ¡Qué bellas son! Unas bailan con mucha gracia, mientras que otras cantan con una maravillosa voz. Hércules se quedaría feliz observándolas, pero ya ha perdido mucho tiempo.

— Lindas Nereidas, decidme, ¿dónde puedo encontrar a vuestro padre?

— Lo encontrarás en su palacio, pero en estos momentos duerme.

Hércules da las gracias a las Nereidas y se introduce en la residencia del dios. Todas las riquezas de las profundi-

«Todas las riquezas de las profundidades del mar han servido para decorar las salas que ahora Hércules está atravesando.»

dades del mar han servido para decorar las salas que ahora Hércules está atravesando. En una de ellas, recostado sobre una cama incrustada con conchas nacaradas, se encuentra medio dormido el venerable anciano. Cuando Hércules se dirige a él apenas abre los ojos.

— Nereo, soy Hércules. Y he venido hasta ti para que me digas donde está la residencia de las Hespérides.

— Hércules, no puedo decírtelo. Continúa tu camino.

Y Nereo de nuevo se adormece. Entonces Hércules, furioso por el recibimiento y completamente decidido a saber algo más, agarra al anciano. Sorprendido, éste forcejea como un pobre diablo. Imposible librarse del poderoso abrazo de Hércules. Pero, de pronto, Hércules lanza un grito de asombro: ¡Nereo ha desaparecido entre sus brazos! No queda nada excepto un agua clara que discurre a su pies. Hércules se da cuenta de que Nereo acaba de transformarse en agua para lograr escapar. Con rapidez se agacha y trata de coger el agua con sus manos.

En ese momento en el lugar donde el agua discurre, brota un fuego. Pero Hércules no se arredra. Ya se transforme en agua o en fuego, Nereo no se le escapará.

Al darse cuenta el dios marino de la determinación de Hércules, comprende que éste no se irá sin saber dónde se encuentra el jardín de las Hespérides. Entonces vuelve a tomar su forma humana.

— Hércules, tendrás que ir hasta Mauritania si quieres llevar a Euristeo las manzanas de oro del jardín de las Hespérides.

Hércules suelta a Nereo y continúa su camino... ¡Frutos de oro! Sin duda que ese jardín pertenece a un dios. La tarea que le espera no será fácil. Incansable, Hércules marcha hacia donde el Sol se oculta. Sin embargo, se pone en guardia, ya que los últimos viajeros con los que se ha encontrado le han rogado que no se interne en esa tierra.

— ¿Y por qué no debo ir allí? –ha preguntado Hércules.

— Porque allí vive el gigante Anteo.

— Cree lo que te decimos, Hércules. Anteo va a desafiarte en un combate y, cuando estés exhausto, te matará.

— Dicen que ha construido un templo a su padre Poseidón con los cráneos de sus víctimas.

Pero Hércules continúa su camino, ansioso de llegar al jardín de las Hespérides. De pronto, escucha un grito a su espalda. Se trata de Anteo. Aún más gigantesco de lo que Hércules había imaginado.

— Si eres valiente, intenta medirte conmigo –gruñe el gigante.

— Te conozco de nombre, Anteo. Luchemos solamente con los puños. Ambos se desprenden de su piel de león. Mientras se unta el cuerpo con aceite, Hércules no deja de observar a su contrincante. Sorprendido, ve cómo Anteo recoge arena con sus manos y se frota todo el cuerpo. El combate da comienzo, Hércules se reserva. Veinte veces consigue escapar de Anteo, que por fin empieza a dar señales de fatiga.

Creyendo que ha llegado el momento, Hércules se arroja contra el gigante, que pierde el equilibrio y cae. Hércules no da crédito a lo que ve. Allí, tumbado en el suelo, Anteo recupera las fuerzas.

Sus músculos se hinchan como regenerados por la tierra. En un abrir y cerrar de ojos, Anteo ya se encuentra de nuevo en pie. Y el combate empieza de nuevo. Hércules sujeta a Anteo por la cintura, pero se libra y vuelve a caerse. Varias veces Hércules tiene la impresión de que se tira queriendo al suelo.

Entonces Hércules lo entiende. Uno de los viajeros, ¿no le había dicho que la Tierra era la madre del gigante?

¡Se tira para estar en contacto con ella! De este modo, cada vez que cae, renueva sus fuerzas. Hércules, tensando los músculos, se abalanza sobre él, lo levanta, lo mantiene en el aire a pesar de todos los movimientos que Anteo hace para poder entrar en contacto con el suelo. Hércules nota cómo los músculos de Anteo se distienden, cómo la fuerza lo abandona. En un último esfuerzo, Hércules aprieta con tanta fuerza a Anteo que nota cómo los huesos del gigante crujen. Hércules no suelta su presa hasta que se asegura de que Anteo está muerto.

Hércules tiene aún que hacer frente a otras aventuras en el transcurso del viaje, pero finalmente llega ante el jardín de las Hespérides. El monstruo Ladón, que vigila la entrada, casi ni le impresiona. Unos mazazos bien asestados acaban rápidamente con él. Hércules busca con la mirada a las tres Hespérides. Ni rastro. El jardín da la impresión de estar abandonado. Las maravillosas manzanas de oro resplandecen colgando de las ramas. Hércules se introduce aún más en el jardín. ¿Es posible que su trabajo resulte tan sencillo?

¡Está bien! Solamente le falta recoger los frutos de oro. Pero no ha visto a las tres ninfas ocultas detrás de un árbol. Están temblando y ni intentan interponerse ante tanta decisión.

Hércules ha terminado el undécimo trabajo. Ahora es necesario llevar las manzanas de oro a Euristeo.

¡Imaginad la decepción del rey al ver llegar a Hércules vivo y entero! ¿Y ahora qué hacer con los frutos robados del jardín de Hera!

— Como agradecimiento por haber llevado a buen puerto el trabajo que te pedí, estas manzanas son para ti, Hércules.

Se dice que Hércules las ofreció a la diosa Atenea. En cuanto a las Hespérides, lloraron tanto que se transformaron en árboles, aún se las ve llorar por los jardines: el sauce llorón, el olmo llorón y el álamo llorón.

También se cuenta que Hera lloró la muerte de su fiel dragón Ladón, y lo colocó entre las estrellas en la constelación de la Serpiente.

Juegos

— XIII —

El jardín de las Hespérides

1 El escondite

¿Sabrías encontrar en cada una de las palabras siguientes el dios o el héroe que se oculta en ellas?

a - hermético → ....

b - heliotropo → ....
(flor también llamada «girasol»)

c - sibilino → ....

d - Atenas → ....

e - hercúleo → ....

f - apolíneo → ....

2 Retratos chinos

Trata de encontrar el nombre de cada dios o diosa mediante una serie de indicaciones relacionadas con su vida, sus aventuras, sus atributos (puedes ayudarte de las fichas de identidad de los capítulos anteriores).

A – Si fuese árbol, sería olivo.
Si fuese oficio, sería ingeniero.
Si fuese animal, sería lechuza.
Si fuese ciudad, sería Atenas.
Si fuese un arma, sería escudo.

Respuesta: ....

B – Si fuese un defecto, sería ladrón.
Si fuese un objeto, sería monedero.
Si fuese instrumento de música, sería una lira.
Si fuese una prenda de vestir, sería unas sandalias.
Si fuese una profesión, sería comerciante o embajador.

Respuesta: ....

C – Si fuese animal, sería pavo real o cuclillo.
Si fuese una profesión, sería madre de familia.
Si fuese fruto, sería granada.
Si fuese un sentimiento, sería rencor.

Respuesta: ....

D – Si fuese un lugar, sería un bosque.
Si fuese astro, sería la luna.
Si fuese arma, sería arco.
Si fuese animal, sería cierva.

Respuesta: ....

E – Si fuese herramienta, sería martillo.
Si fuese un elemento, sería el fuego.
Si fuese una profesión, sería herrero.
Si fuese una prenda de vestir, sería un gorro.

Respuesta: ....

F – Si fuese metal, sería oro.
Si fuese un oficio, sería técnico en iluminación.
Si fuese una competición, sería carrera de caballos.
Si fuese un elemento, sería el fuego.
Si fuese una flor, sería el girasol.

Respuesta: ....

Documentación

— XIII —

Las manzanas

Entre los mitos que los hombres han creado desde siempre, las manzanas ocupan un lugar destacado, por lo menos en el mundo antiguo, ya que este árbol no existía en su origen en las tierras del Nuevo Mundo (América).

Las manzanas aparecen en numerosas mitologías y religiones.

El episodio de la manzana en la Biblia es representativo del simbolismo asociado a esta fruta: está relacionado con el Bien (la manzana es el fruto del árbol de la Sabiduría) y el Mal (Eva provoca la caída del hombre al ceder éste a la tentación de probar esa fruta).

La manzana de la discordia

¿Sabes quién es Eris? Es la diosa de la Discordia, la hermana de Ares. Poco apreciada por los dioses, éstos olvidan con frecuencia invitarla a los banquetes que se celebraban en el Olimpo. Por ejemplo, a las bodas del rey Peleo y de la nereida Tetis (de esta unión nació Aquiles). Eris montó en cólera y decidió sembrar la cizaña entre los invitados. Se coló en la sala y lanzó una manzana de oro grabada con el texto: «Para la más hermosa». Todas las diosas allí presentes quisieron adueñarse de ella, pero Hera, Atenea y Afrodita fueron las más rápidas. Eligieron a Zeus como árbitro. Ante semejante aprieto, propone llamar a un simple mortal para que resuelva esta delicada tarea. Lanza entonces la manzana, que va a caer a los pies de Paris, hijo de Príamo: a él le tocaba entregar la manzana a la que juzgase que era la más hermosa de las tres.

Cada una de las tres diosas se esfuerza para tratar de influirle: Hera, la esposa de Zeus, le promete un reino; Atenea, la diosa de la

Guerra, le promete la victoria en cuantas batallas se vea implicado; en cuanto a Afrodita, diosa del Amor y de la Belleza, le promete el amor de la más bella de la tierra. Se cuenta incluso que, para turbar más a Paris, ¡abrió su túnica con el fin de que pudiese contemplar su admirable cuerpo!

Paris entregó la manzana a Afrodita.

Fue el inicio de la guerra de Troya: Paris es troyano y «la mujer más bella del mundo» es Helena, la esposa del rey griego Menelao. Paris, ayudado por Afrodita, rapta a Helena y la lleva a Troya. Entonces Menelao, con el apoyo de todos los reyes griegos, sitia Troya. La discordia ya se ha instalado entre los hombres, que van a luchar durante muchos años, hasta la victoria final de los griegos, pero también entre los dioses crece la discordia y se dividen en dos bandos: los que combatirán junto con los troyanos y los que apoyarán a los griegos.

Atalanta y la manzana de oro

El padre de Atalanta no quería tener descendencia femenina: ¡lo único que quería eran varones!

Cuando nació Atalanta, la hizo llevar a la cima del monte Paternio para que allí el sol del mediodía, el frío de la noche, el hambre y la sed diesen buena cuenta de esta joven vida. Pero unos cazadores de buen corazón la recogieron.

En agradecimiento, Atalanta se consagró a Artemisa, diosa de la Caza, y no quiso casarse. Para ahuyentar a los pretendientes ideó un subterfugio: aceptaría tomar por esposo al que le ganase en una carrera. Varios jóvenes intentaron adelantar a la rápida Atalanta, que, convencida de su rapidez, les daba una ligera ventaja y, después, los igualaba rápidamente y los mataba con ayuda de su jabalina de caza.

Pero, cierto día, un joven tuvo la ocurrencia de dejar caer detrás de él unas manzanas de oro. Atalanta perdió tiempo en recogerlas. El joven ganó la carrera y Atalanta se casó con él.

— XIV —

Duodécimo trabajo

Hércules en los Infiernos

MIENTRAS HÉRCULES se encuentra a la espera de conocer cuál será la última hazaña que debe realizar, Euristeo medita dentro de su palacio. No sabe qué inventar. Nervioso, pasea a grandes zancadas sintiéndose como un león enjaulado. Hércules se ha enfrentado con éxito a las más feroces criaturas del mundo entero. ¿Dónde hallar un monstruo que le dé muerte y le envíe de una vez por todas al reino de los muertos? ¡El reino de los muertos! Exactamente, es allí donde va a enviar a Hércules ya que si acceder es relativamente fácil, nadie puede volver con excepción de los dioses inmortales.

— Hércules, lo he pensado mucho y he decidido que desciendas a los Infiernos. Y para que me demuestres que has estado allí, tráeme a Cerbero.

— He aceptado obedecerte en todo lo que me has pedido, Euristeo. Pero has de saber que este trabajo ¡es el último que realizaré para ti!

Hércules se encuentra descorazonado. Teme descender a esos lugares bajo tierra de una profundidad fuera de toda medida. Teme encontrarse con los muertos, sombras sin fuerza, tan numerosos como las olas del mar y las estrellas del cielo. Y sobre todo, teme no poder regresar jamás. Implora a Zeus para que acuda en su ayuda. Repentinamente se siente más animado, las fuerzas le vuelven, su voluntad se reafirma. Su padre ha escuchado su llamada. Sabe lo que debe hacer, dónde debe ir y ahora tiene la certeza de que volverá a ver la luz del día después de su paso por el reino de las tinieblas...

Por el momento debe dar con el camino que lo lleve allí. Cualquier cueva, caverna o agujero profundo servirá para ello.

— He aquí una sombría cueva que parece apropiada.

Se introduce en una negra oscuridad. Hércules tiembla entre las húmedas paredes. Por momentos, sin embargo, cree ver una sombra que le precede, ligeramente luminosa. No hay duda, es el dios Hermes que, enviado por Zeus, le sirve de guía.

¿Cuánto tiempo estuvo Hércules andando? No sabría decirlo. ¿Horas, días? Qué importa ahora eso. ¡Qué lúgubre silencio! Hércules únicamente escucha el ruido que las sandalias producen en las rocas que no ve.

Le parece distinguir una avenida con árboles. Y en medio del susurro de las hojas, el ruido sordo del agua que corre. Una débil claridad permite entrever la sombra de un anciano, de pie sobre una estrecha barca. El corazón de Hércules acelera sus latidos. Se trata de Caronte, el encargado de cruzar a los muertos los dos ríos del Infierno, el Estigio y el Aqueronte. Una vez cruzado su curso, ningún muerto puede regresar al lugar de los vivos.

— ¿Tienes con qué pagarme el trayecto? –pregunta Caronte a Hércules con voz fúnebre.

— No, pero tú me vas a aceptar a bordo y llevarme en tu barca. Debo ir al palacio de Hades, el dios de los Infiernos –responde Hércules con voz segura.

— Nadie pasa sin darme un óbolo.

Hércules se le acerca más. Ante su terrible aspecto, Caronte se atemoriza y acepta con un movimiento de cabeza. Sin perder tiempo, rema con fuerza y pronto deposita a su extraño pasajero al otro lado del río. Hércules

«Se trata de Caronte, el encargado de cruzar a los muertos los dos ríos del Infierno, el Estigio y el Aqueronte.»

reconoce enseguida la triple muralla que rodea este lado de los Infiernos llamado «el Tártaro». Todos los mortales saben que en esta prisión están encerrados todos aquellos que se han atrevido a poner en duda el poder de su padre, Zeus. Allí se erige el palacio de Hades. Es allí donde también se juzga a las almas después de su muerte.

Cuando Hércules ya está a punto de cruzar las altas murallas, se coloca ante él un monstruo alado, repelente con su cabellera de serpientes y dientes de jabalí.

— ¡Medusa! –exclama Hércules, con su espada en la mano.

— Hércules, tranquilízate, no es más que su fantasma, su sombra –interviene Hermes que, silencioso e invisible, no ha dejado de acompañar al hijo de Zeus.

— ¡Hércules! –exclama entonces una voz humana.

Buscando con la mirada quién le llama, Hércules ve a su amigo Teseo atado a un asiento de piedra. Rápido, Hércules corre hacia él y con el machete rompe las cuerdas que martirizan a su querido amigo.

— ¿Qué crimen has cometido para estar como estás?

— He querido raptar a Perséfone, la reina de los Infiernos

— ¡Qué locura! Sígueme . Voy a defender tu causa ante Hades.

— Pero, ¿y tú? Tienes un aspecto muy saludable para estar en el reino de los Muertos. ¿Qué locura te ha dado para estar en este lugar?

— Debo conseguir que Hades me entregue a Cerbero. Euristeo me lo exige.

Charlando de esta manera, Hércules y Teseo llegan al palacio del dios de los Infiernos. En la mejor de las salas, se encuentra Hades acompañado de su esposa Perséfone. Con sus rasgos duros bajo su barba negra, con su rostro severo, los espera, sentado en su trono de ébano, manteniendo en la mano derecha un cetro negro.

— Oh, Hades, dios de los Infiernos, vengo a pedirte que pongas en libertad a mi amigo Teseo.

— ¿Sabes al menos de qué crimen se le acusa? –le pregunta Hades con voz cavernosa.

— Sí, ha puesto en peligro su vida por la belleza de tu esposa. Este acto insensato es un homenaje para ella y para ti, puesto que has sabido escoger y mantener a tu lado a la más bella de las inmortales.

Sonriente, Perséfone se inclina hacia Hades y le susurra algunas palabras al oído.

— ¡Está bien, que Teseo abandone mi reino y vuelva al de los vivos, pero que jamás se le ocurra cometer una locura semejante! –exclama Hades.

— Hades, aún tengo que pedirte otro favor. Déjame que me lleve conmigo a tu perro Cerbero. Servirá como prueba de que he llegado hasta ti.

— ¡Me haces reír! Veamos cómo lo consigues, pues te prohíbo que utilices ningún arma para su captura.

— ¿Donde podré encontrarlo?

— Está a la orilla del río Aqueronte. Habrás notado que te ha permitido entrar sin ni siquiera dejarse ver. ¡No hará lo mismo cuando quieras salir!

Y diciendo esto, Hades abandona la sala.

— Hércules, sé prudente, conozco a Cerbero. Su apariencia aún es peor de lo que imaginamos. Evita ante todo la mordedura de sus dientes negros. Todos aquí dicen que sus colmillos rompedores penetran hasta la médula de los huesos del que cae a su alcance. Entonces se muere por segunda vez debido al veneno que inyecta.

Los dos amigos llegan a la orilla del río Aqueronte... Entonces aparece Cerbero. Sus musculosas cuatro patas lo trasladan con más rapidez que los más fogosos corceles. Sus tres hocicos gritan a la muerte mientras que el nudo de serpientes que lleva a su cuello se contorsiona y silba de modo espantoso. Está a punto de saltar, buscando clavar sus terribles colmillos en la garganta de su adversario.

Pero Hércules consigue evitarlo con un salto y volviéndose con rapidez, sujeta al animal con sus manos por el cuello. Los dedos buscan un lugar bajo el nudo de reptiles que se mueven sin cesar. La cola de Cerbero, terminada en un hierro, trata de golpearle, pero sólo consigue arañar la piel de león de la que Hércules no se separa jamás. Cerbero se ahoga. Su respiración se hace gutural, irregular, sus movimientos espaciados. Por último acaba por entregarse a su nuevo dueño.

Ya puede Hércules volver al mundo de los vivos, llevando consigo a un Cerbero cegado por el sol, tan asustado por la luz que Hércules debe cargar con él la mitad del camino.

Se cuenta que Euristeo al verlo quedó tan espantado que pidió a Hércules que lo devolviese rápidamente allí donde lo había encontrado...

De este modo acaban los doce trabajos de Hércules, ¡pero no así sus aventuras!

Juegos

— XIV —

Hércules en los Infiernos

1 Escondite

Etimología

Cuando los romanos conquistaron Grecia, tomaron prestados los dioses griegos. De modo que cada dios griego tiene su equivalente romano.

- ZEUS se transformó en JÚPITER (Jove), supremo soberano de dioses y hombres.
- HERMES fue MERCURIO, dios de los Ladrones, de los Pastores y de la Salud.
- ARTEMISA se transformó en DIANA, diosa de la Luna.
- AFRODITA se convirtió en VENUS, diosa del Amor.
- ARES fue MARTE, dios de la Guerra.

Cada día de la semana estaba dedicado a un dios. ¿Sabrías encontrar los nombres de los dioses ocultos en los siguientes días?

- El lunes es el día consagrado a ....
- El martes es el día consagrado a ....
- El miércoles es el día consagrado a ....
- El jueves es el día consagrado a ....
- El viernes es el día consagrado a ....

2 Antonomasia, ¿has dicho antonomasia?

Vocabulario

Una antonomasia es una figura de estilo. Se trata de un procedimiento que consiste en utilizar un nombre propio por un nombre común con la idea de destacar la cualidad esencial de alguno. Así, por ejemplo, el nombre propio don Juan ha llegado a ser sinónimo de seductor.

Indica la respuesta correcta entre las definiciones propuestas.

A – Una persona hercúlea es :

- a un detective.
- b una persona de fuerza fuera de lo normal.

B – Un dédalo indica:

- a un lugar donde se corre el riesgo de perderse.
- b un animal del desierto.

C – Un escrito sibilino es:

- a un texto escrito por una persona llamada Sibila.
- b un escrito difícil de entender.

D – La manzana de la discordia es:

- a un objeto de disputa.
- b una manzana de amor que se vende en las verbenas.

E – Limpiar los establos de Augías significa:

- a trabajar en una granja.
- b dedicarse a una tarea pesada y asquerosa.

F – Un cancerbero es:

- a un guerrero bárbaro.
- b un guardián celoso e incorruptible.

Hades tiene un punto de afinidad con Artemisa, la diosa de la Caza. ¿Sabes cuál es?

Retrato

Anciano de espesa barba de aire severo y rostro arrugado. Con frecuencia está representado con su casco y con un tridente o una lanza.

Características particulares

Su color es el negro. Únicamente se le sacrifican animales de color oscuro y siempre en número par. Posee un casco, regalo de los cíclopes, que le hace invisible.

Ficha de identidad

Hades

Nacido de:
Crono y Rea.

Hermano de:
Zeus, Poseidón, Hera...

Esposo de:
Perséfone.

Padre de:
No tuvo hijos.

Profesión:
Dios de los Infiernos y de los Metales preciosos ocultos bajo tierra.

Dirección:
Reino de los muertos, bajo tierra, que raramente abandona.

Animal:
El can Cerbero.

Árbol:
El ciprés.

Equivalente romano:
Plutón.

Documentación

— XIV —

Las Parcas

Las tres Parcas, Cloto, Láquesis y Átropo, eran las divinidades encargadas del nacimiento, de la vida y de la muerte de los hombres. Su origen es desconocido.

Para los antiguos, todo lo que le ocurre a un hombre durante su vida está de antemano decidido por los dioses.

Las tres Parcas habitan en un palacio en el cual el destino de cada uno se encuentra escrito sobre hierro y bronce de modo que nadie pueda borrarlo.

Los hombres representaron a las tres Parcas bajo la figura de tres hilanderas. ¿No hablamos del «hilo de la vida» para referirnos a lo poco segura que es ésta?

La primera Parca, Cloto (en griego, «hilar»), vestida con un ropaje de color azul claro, mantiene el hilo, símbolo de la vida humana, enrollado en una rueca.

La segunda, Láquesis (en griego, «la suerte»), envuelta en velos de color rosa, devana el hilo en el huso.

La tercera, Átropo (en griego, «inflexible»), vestida toda ella de negro, corta inexorablemente el hilo cuando a un mortal le ha llegado el tiempo de morir.

El mundo infernal

En la mitología griega y romana, los Infiernos son lugares subterráneos en donde, después de la muerte, las almas descienden para ser juzgadas. Allí reciben el castigo por sus faltas o la recompensa por sus buenas acciones.

Los Infiernos se dividen en cuatro regiones principales:

• La primera y más cercana a la tierra es el **Érebo**. Allí se encontraba el palacio de la Noche, el del Descanso y el de los Sueños (Morfeo). En él habitaban también Cerbero, Tanatos, dios de la Muerte, y las Erinias (o Furias), que nacieron de la sangre de Urano, mutilado por su hijo Crono. El aspecto de las Furias era terrorífico: nudos de víboras entremezcladas constituían su cabellera, mientras que de sus ojos caían lágrimas de sangre. Abandonaban con frecuencia el reino de los muertos para ir a la tierra en persecución de los criminales. Mégera era una de ellas. Su nombre sirve para designar hoy en día a una mujer de carácter desabrido y malvada (furia, arpía).

Allí también erraban durante cien años las desafortunadas sombras cuyos cuerpos no habían recibido sepultura.

• El **Infierno** es la segunda región. Allí sufrían los malvados toda clase de tormentos. Sus almas eran sumergidas sucesivamente en estanques helados y en lagos de azufre y de pez hirviente. Unas ciénagas fétidas y hediondas o también aguas ardientes hacían imposible cualquier huida.

• Después del Infierno venía el **Tártaro**, rodeado por una triple muralla de bronce, que era la prisión de los dioses.

Allí estaban encerrados los Titanes, los Gigantes y los antiguos dioses expulsados del Olimpo. En él se erigía el palacio del dios de los Infiernos, Hades.

• Por último, los **Campos Elíseos** eran la estancia feliz de las almas virtuosas. En ellos reinaba una eterna primavera, la tierra se cubría continuamente de verdor, de follaje, de flores y frutos. Las almas que residían allí disfrutaban de un delicioso descanso y gozaban de una eterna juventud, sin preocupaciones ni dolores.

Soluciones a los juegos

II - La venganza de Hera

(página 16)

Juego 1

A - Radamante (**rá**pida-cansa**da**-**Man**tua-**te**)

B - Centauro (**cen**trar-**Tauro**).

Juego 2

a - V; b - F; c - F; d - F; e - V.

III - El léon de Nemea

(páginas 22-23)

Juego 1

E	U	R	I	S	T	E	O
H	E	R	A				
A	R	G	O	L	I	D	A
N	E	M	E	A			
H	E	R	C	U	L	E	S
E	Q	U	I	D	N	A	
T	E	B	A	S			

MADRIGUERA

Juego 2

A - La maza. B - El arco. C - La espada.

Juego 3

piel - invulnerable - asfixiar - descuartizar - garras.

IV - La hidra de Lerna

(páginas 29-30)

Juego 1

a: Centauro - b: Sirena - c: Dragón - d: Hidra - e: Esfinge.

Juego 2

a: acueducto - b: acuarela - c: acuoso - d: acuario.

Juego 3

Tifón (**ti**-**fon**do)

Juego 4

Yolao - Cáncer.

V - El jabalí de Erimanto

(páginas 36-37)

Juego 1

Jabalí- jabalina - jabato.
Verraco - cerda - lechón.
Caballo- yegua- potro.
Toro - vaca - ternero.
Chivo - cabra - cabrito.
Carnero - oveja - cordero.

Juego 2

Primer campo léxico: la pesca (anzuelo, caña de pescar, carrete, nasa, flotador).
Segundo campo léxico: el mar (marea, puerto, alta mar, ola, playa).

Juego 3

Erimanto (Cast**e**llón-**ri**ma**manto**).

Juego 4

Lince - anguila - elefante - cotorra - galgo - mono.

Juego 5

Chacal - perro - tigre - rata - oveja - asno - caballo - rana - cuervo - elefante.

VI - Los establos de Augías

(páginas 43-44)

Juego 1

Conejo: conejera - caballo: cuadra - carnero: aprisco - aves: gallinero -

cerdo: pocilga - vaca: establo - abeja: colmena.

Juegos 2

Turbulentas (**tur**bia-**bu**llicio-**lentas**)
Torrenciales (**torren**te-**cia**-Aristóte**les**).

Juegos 3

Horizontales: I. Estiércol - II. Toros - III. Agua - IV. Limpiar.
Verticales: 1. Peneo - 2. Augías - 3. Arroyuelo - 4. Allanar - 5. Cuadra.

VII - Las aves del lago Estínfalo

(páginas 50-52)

Juego 1

A - b; B - c; C - c; D - a; E - b; F - c.

Juego 2

asta - vaca - hay - ahí - baca - hasta.

Juego 3

Antropófago (**an**dando-me**tro**-desca**po**table-**fa**-en**go**rro).

Juego 4

necrófago - xilófago zoófago.

VIII - La cierva de los cuernos de oro

(páginas 59-60)

Juego 1

La primera letra del código corresponde a la primera letra del alfabeto. Esta es la solución : «Hércules no quiere matar a la cierva de los cuernos de oro. Es la protegida de Artemisa.»

Juego 2

Apolo (**a**-**po**co-**lo**).
leto (**le**gal-plei**to**).
Selene(**sé**-**tele**-car**né**).

Juego 3

A	L	A	S	O	R	O	C	N	E	R
N	G	B	H	J	L	A	V	I	O	N
I	N	F	A	T	I	G	A	B	L	E
N	U	I	N	G	M	Ñ	L	Z	S	A
Q	O	D	I	D	I	C	E	D	M	V
U	D	I	A	U	C	T	R	V	B	N
I	I	M	A	Q	U	I	O	P	O	L
E	P	H	E	R	V	U	S	F	L	E
T	A	P	I	A	D	E	O	U	N	O
O	R	E	S	I	S	T	E	N	T	E

Hera es rencorosa.

IX - El toro de Minos

(páginas 68-69)

Juego 1

Minos (**mi**-**nos**).

Poseidón (**po**zo-**sei**s-**don**).

Juego 2

a: Leo - b: Géminis - c: Libra - d: Tauro - e: Cáncer - f: Piscis - g: Sagitario - h: Aries - i: Virgo - J: Escorpio - k: Capricornio - l: Acuario.

X - Las yeguas de Diomedes

(páginas 77-79)

Juego 1

yegua: relincha.
cierva: brama.
carnero: bala.
buey: muge o brama.
toro: berrea.
jabalí: gruñe.
león: ruge.
lobo: aúlla.
cuervo: grazna.

Juego 2

A - b; B - c; C - b; D - a.

Juego 3
A - querellar.
B - rictus.
C - mendigar.

Juego 4
granívoro - insectívoro - piscívoro - omnívoro - herbívoro - frugívoro.

XI - El cinturón de Hipólita

(páginas 88-89)

Juego 1
Amazonas (Á**la**va-**ma**pa-tra**zo**-pampli**nas**).
Hipólita (**hipo**-**li**bro-tar**ta**).
Termodonte (**termó**metro-masto**donte**).
Bósforo (**bos**tezo-**fo**fo-ra**ro**)

Juego 2
a - F; b - V; c - F; d - F; e - F; f - V; g - V; h - V.

XII - Los bueyes de Geriones

(páginas 98-100)

Juego 1
tronar: tonitruare / celeridad: celeritas / peligroso: periculum / inmundo: immundus / fulminar: fulminare / inerte: iners / obstruir: obstruare.

Juego 2
A - c; B - b; C - a; D - b; E - a; F - c.

Juego 3
- furioso: de la calle /normativo.
  furibundo: culto.
  bufar: familiar /vulgar.
- atemorizar: culto.
  temer: de la calle/normativo.
  achantar: vulgar/coloquial.
- considerar: culto.
  guipar: vulgar/coloquial.
  mirar: de la calle/normativo.
- mondarse: vulgar/coloquial.
  divertirse: culto.
  reírse: de la calle/normativo.
- cachete: de la calle/normativo.
  sopapo: vulgar/coloquial.
  bofetada: culto.
- reprender: de la calle/normativo.
  abroncar: vulgar/coloquial.
  amonestar: culto.
- importunar: culto.
  molestar: de la calle/normativo.
  jorobar: vulgar/coloquial.

XIII - El jardín de las Hespérides

(páginas 109-110)

Juego 1
a - hermético: Hermes.
b - heliotropo: Helio.
c - sibilino: Sibila.
d - Atenas: Atenea.
e - hercúleo: Hércules.
f - apolíneo: Apolo.

Juego 2
A - Atenea; B - Hermes; C - Hera; D - Artemisa; E - Hefesto; F - Helios.

XIV - Hércules en los infiernos

(páginas 119-120)

Juego 1
Lunes: Diana (Artemisa).
Martes: Marte (Ares).
Miércoles: Mercurio (Hermes).
Jueves: Júpiter (Zeus).
Viernes: Venus (Afrodita).

Juego 2
A - b; B - a; C - b; D - a; E - b; F - b.

Índice de nombres

Los nombres de lugares se indican en redonda.
Los números de página en **negrita** remiten a las fichas de identidad de los dioses